大正昭和美人図鑑

小針侑起 著

河出書房新社

目次

ごあいさつ

明治後期、大正、１９３５年（昭和10）頃までの「美人」に重点をおいております本書を、読者のみなさまにより楽しんでいただけるよう、僭越《せんえつ》ながらご案内させていただきたいと思います。

趣味の違いはあるものの、政治家もタレントも学生もＯＬも、職業や年齢に関係なく、みんな思い思いのお洒落を楽しむことができる現在ですが、封《ほう》建的《けんてき》な時代背景のなか日本には階級や年齢というものを重んじていた時代がありました。

たとえば大きな商家では、経営者と使用人が着用する和服の生地に違いがありました。経営者夫人などはきらびやかな錦紗《きんしゃ》などを身にまとって自らの地位を誇示しましたが、使用人は安価であった絹織物の銘仙《めいせん》と暗黙の了解のうちに決まっておりました。

したがって街を歩いていても着物の生地を見て、その女性の地位や職業を大体判断することができたのです。権利意識の強い現代社会では、人権蹂躙《じゅうりん》と問題になるかもしれませんね。

また年齢によって結う髪形も決まっており、娘時代には結綿《ゆいわた》、桃割《ももわ》れ、大人の入り口には島田《しまだ》を結い、結婚したご婦人は丸髷《まるまげ》という具合です。丸髷の形が好き！　ということで、結婚前の女性が丸髷を結うことは考えられませんでした。

反対に華やかな振袖《ふりそで》は結婚前の娘さんだけのものであり、結婚後の女性は留袖《とめそで》と決まっており、奥様が振袖を着ることは、考えるだけでも非常識なことだったのです。

このように１９４５年（昭和20）以前の女性の装い事情は現代の尺度から考

左から栗島すみ子、松井千枝子、川田芳子、筑波雪子、柳さく子。1926年（大正15）撮影。

察すると特殊なものではありますが、本書で取り上げさせていただいた美女たちは、当時の玄人《くろうと》たち。

素人《しろうと》（一般人）と玄人の間にも大きな隔たりがあったことは想像に難くないと思いますが、現在と比較したその価値観の違いなどについては本書のなかで述べさせていただいております。

本書の特色は、今まで「美人本」と「女優本」という別のジャンルであったものを融合させたところにあるので、多くの視点から楽しむことができるのではないかと考えております。

女性の化粧、装いに着目してみると大変面白い発見がたくさんあるかと思いますが、わかりやすいところでは髪形があげられます。時代によって流行の髪形は変貌しますし、同じ日本髪でも地域によって大きさに変化がみられるところが興味深く、他にも眉の引き方、口紅のさし方、またアクセサリーをつけているのか……等々。ポーズをとる際の手の位置、水着撮影のセットの変遷など、いろいろな着目点があるかと思いますので、読者のみなさまなりの本書の楽しみかたを発見いただけたら、より楽しんでいただけるのではないかと思います。

それから「美人本」ということにとどまらず、近代芸能史に足跡を残しながらも資料不足のため今まで取り上げられることが少なかった女優たちを、「女優本」「芸能本」としても多くの秘蔵写真を掲載することができました。川上貞奴《かわかみさだやっこ》、千歳米坡《ちとせべいは》からはじまる女優史、芸能史の一端を知っていただくきっかけとなれば幸いです。

時をこえて今も輝きを放つ美女たち

日本にはかつて
文化の香り高い美しい時代があった。
ことに装いの美に対する意識の高さは
日本女性の誇りでもあり、
年齢や階級、職業によって髪形や
着用する着物の生地が差別化されて、
街角には色とりどりの
華やかな女性たちが
闊歩していた。
ここでは戦前に活躍した美女たちに
思う存分、酔いしれていただきたい。
あなた好みの美女は？

● 当時としては非常に露出度の高い衣服を身にまとって。
どこか幼さが残る表情には芯の強さが見てとれる。
明治後期撮影。

当時の海水浴は療養や健康増進のために行われていたため、とくに泳ぎにくい髪形でも問題はなかった。明治後期撮影。

あゝ水着美人

病気療養のために広まった海水浴も、
明治後期にはレジャーとして広まり、
同時に水着姿の美人絵葉書が
巷に流通するようになる。
夏の風物詩として
欠かせないものになると、
年々露出度が高くなることに注目！

当時の水着写真の多くが写真館で撮影された。日本髪にシマウマ水着という組み合わせが時代を感じさせる。明治後期撮影。

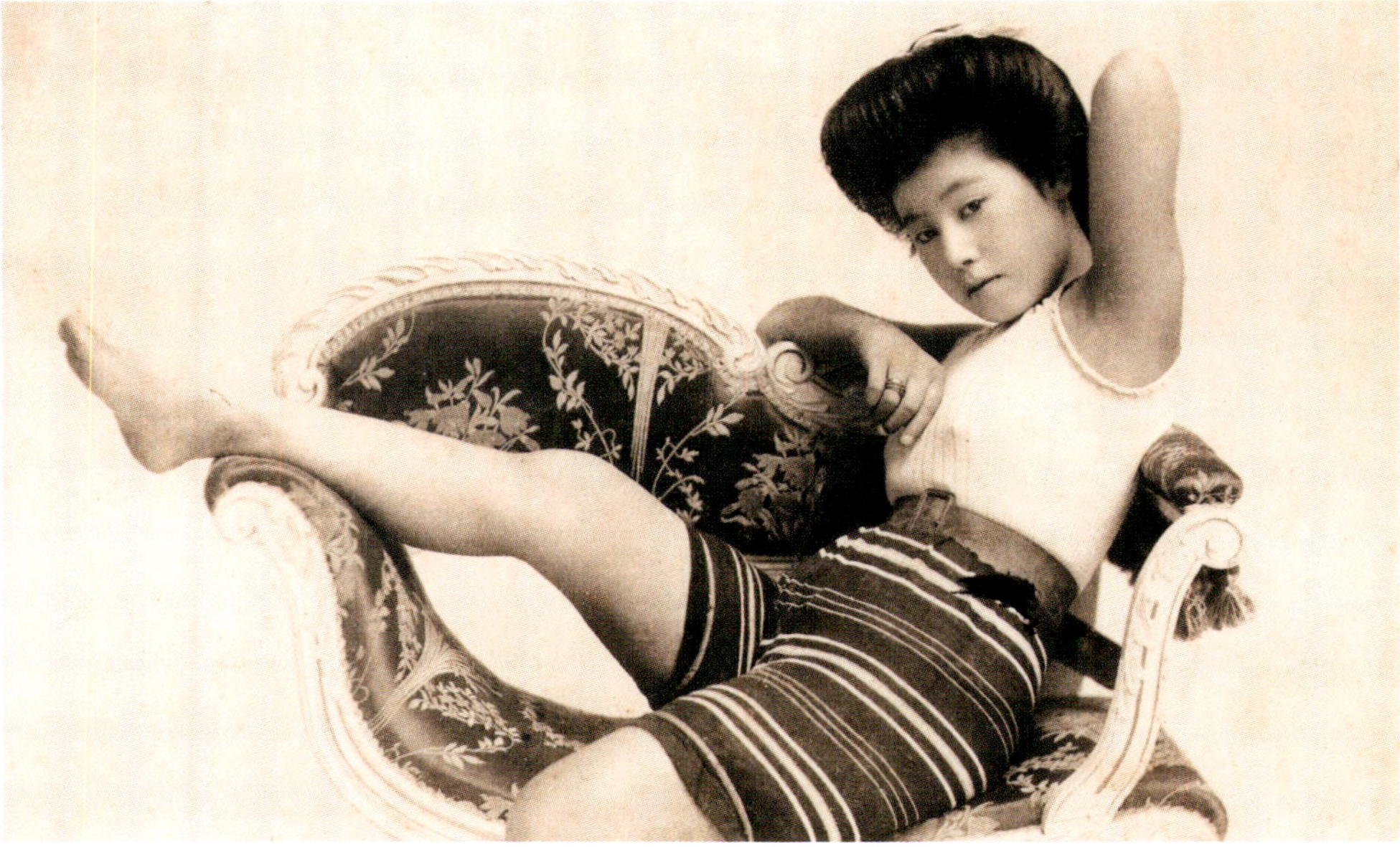

しとやかな表情とは裏腹に、腋の下を強調し足を肘掛けに上げた煽情的なポーズは多くの男性を悩殺したことだろう。明治後期撮影。

● ひときわ美しい映画女優・松井千枝子の水着姿。1924年（大正13）頃より女優の水着ブロマイドが夏の風物詩となっていた。1928年（昭和3）頃撮影。

● スマート、長身、小顔のモダンガール女優・入江たか子の水着姿はセンセーショナルに受け入れられ、モダンの極致を体現した。1932年（昭和7）頃撮影。

なにげなく開かれた番傘が、モダンな水着美人と美しく調和した1枚。モデルは女優の花岡菊子。1931年（昭和6）撮影。

アール・デコ調の水泳帽が印象的なモガ女優・龍田静枝。性に奔放なモガらしく当時としては露出度の高い水着を着用している。1930年（昭和5）頃撮影。

鏡の前の美女

明治女性の化粧は
一段と手の込んだものであった。
女性が色っぽくみえるときである。

● 襟元を開いた首筋も色っぽく、練り白粉を塗る美人。当時、被写体の女性たちのほとんどが白塗りで撮影に臨んだ。明治後期撮影。

● 化粧品の宣伝のために撮影された１枚。膝を立て、襟を胸元まで落とした化粧姿はこの時代特有の決めポーズ。明治後期撮影。

●襦袢（じゅばん）姿で鏡の前に座る美人はことに色っぽい。日本髪の乱れに手をやる芸者・音丸。大正初期撮影。

●髪形、着付、化粧とどれをとってもパーフェクトに整えられて撮影された化粧品の宣伝写真。近代美女の美しさが映える１枚。明治後期撮影。

● あまりの色っぽさに当時のファンは動揺したことだろう。浅草オペラのアイドル女優・相良愛子が「人魚」を演じたときのもの。1921年（大正10）頃撮影。

エロティシズム満点！浅草オペラ女優

大正時代に入ると毒々しい極彩色のオペラ女優の絵葉書が人気を呼んだ。肌の露出の高いコスチュームにコケティッシュな表情は、現在のアイドルに通じるところがある。

● 足を投げ出して、しなだれかかるようなポーズの写真が多く撮影された。女優のタイツには細工が施されている。1918年（大正7）頃撮影。

● 創作舞踊「黙禱（もくとう）」に出演する石井小浪。
当時の観客はモダンダンスの舞台にも熱狂的な声援を送った。1921年（大正10）頃撮影。

● 浅草オペラでは多くの劇団が乱立し離合集散の様相を呈した。この写真は浦辺粂子が看板女優をつとめた国民歌劇座で「カフェーの夜」を上演した際の写真。1922 年（大正 11）撮影。

● 浅草オペラの情報誌『オペラ』1921 年（大正 10）の表紙。それまで女優の写真が雑誌の表紙を飾ることは少なかったので、その嚆矢（こうし）といえる。

● 浅草オペラの情報誌『歌舞』1922 年（大正 11）の表紙。あざやかな色彩の表紙に 100 年の隔たりは感じられない。

● 派手な着物、髪飾りには白い羽根をあしらった、大正時代の典型的な女優スタイル。すでにモガの要素も備わっている。モデルは木村時子。1921 年（大正 10）頃撮影。

● ヨーロッパの美人絵葉書の影響を受け、エキゾティックな雰囲気を演出した写真が多く撮影されたのも浅草オペラの特徴。モデルは明石須磨子。1918 年（大正 7）頃撮影。

● マンドリンは大正時代に最も先端的な楽器であった。爽やかに着飾った洋装には大正ロマンの香りが漂う。モデルは映画女優・筑波雪子。1925年（大正14）頃撮影。

● それまで女性が羽織を着用する習慣はなかったが、芸者や女優が着用したことによって一般的になった。モデルは映画女優・栗島すみ子。1922年（大正11）頃撮影。

● 溌剌とした近代女性の輝き。右からレビューガール出身の逢初夢子、水久保澄子、カフェーの女給出身の坪内美子。1932年（昭和7）頃撮影。

● あまりにも煽情的という理由から発売禁止となった原駒子のプロマイド。1935年（昭和10）頃撮影。

第1章 明治時代の美妓たち

空前の美人ブーム到来

端正で女性らしいなかにも芯の強さがうかがえるまなざし。明治女性の美しさ。

それまでは錦絵や石版画に描かれた美人画が
庶民の娯楽のひとつであったが、
写真の一般化、絵葉書の誕生によって、
多くの芸妓が被写体となった
プロマイドや絵葉書が大ブームに。
高嶺《たかね》の花であった
一流の名妓がモデルに起用され艶を競った。

1910年代初頭の美人絵葉書に多く見られるベールをまとって。

照葉

毒婦と呼ばれたスキャンダラス芸妓

問題の芸者

日露戦争戦勝後の好景気のなか、明治後期から大正時代にかけて巻き起こった空前の芸者ブーム。一流政治家、実業家、あるいは歌舞伎役者など、時代をときめく寵児《ちょうじ》たちが、夜ごと、新橋、赤坂、浅草などの花街《かがい》に足しげく通い詰め、ある者は落籍《らくせき》されて妻の座におさまり、ある者は粋な黒塀見越しの松（妾《めかけ》）の身分となった。

その花柳界《かりゅうかい》華やかなりし時代、大阪屈指の置屋《おきや》であった富田屋《とんだや》からお披露目したのが半玉《はんぎょく》時代の照葉《てるは》、当時の源氏名を千代葉といった。

当時の富田屋は大阪一の名妓といわれた八千代を抱えており、大変な好景気のなか千代葉にも旦那がついて贅沢三昧の日々を送っていたところ、15歳のときに恋愛事件を起こす。色と金とが絡む世界、旦那への潔白を証明するために自ら小指を切り落とした千代葉の噂は大阪の花柳界を駆け巡った。

毒婦と呼ばれて

大きな騒ぎとなり大阪にいられなくなってしまった千代葉は上京し、新橋から照葉の名でお披露目。大阪

日本髪に手をやり、手鏡をのぞく照葉。切り落とした小指が写った数少ない１枚。明治後期撮影。

端正な美貌が印象的な照葉の珍しい寝顔ショット。涼しげな夏の昼下がりを演出している。

とは一転、小指を切り落とした男まさりの芸者として評判になり、類まれな美貌もより一層凄みを増して美人絵葉書のモデルに多数起用された。

　１９１９年（大正８）には相場師の小田末造に落籍され結婚、芸者生活にピリオドを打ち、１９２３年（大正12）には夫が役員に名を連ねた帝国キネマ演芸株式会社の映画「愛の扉」に小田照葉の名で主演するも、共演俳優と駆け落ちしたことにより離婚。

　その後、バーの経営、出雲照葉の名で映画出演など浮草のように水商売を渡り歩いた。当時、水商売で働く女性は醜業婦《しゅうぎょうふ》と呼ばれ、一度身を落とすと堅気として生きていくことが困難だったのだ。

　しかし照葉は高浜虚子《たかはまきょし》門下の俳人となり、１９３５年（昭和10）には出家。その波乱に満ちた生涯は瀬戸内晴美（寂聴）著『女徳』のモデルにも起用された。

究極の小指の想い出

照葉が旦那への潔白を証明するために剃刀で切り落とし、生涯欠けたままの左手小指はどのように扱われていたのだろうか。

　当時の絵葉書を複数確認してみると、小指の欠損を売りにして見せびらかしている様子は見てとれない。むしろ、左手小指がキワドイところで見えないようにポージングしているようにも見える。

　数十枚の照葉の絵葉書を観察してみたところ、左手小指が写ったものはわずか1、2枚。欠損した小指には短めの義指（キャップ？）のようなものを着用しているように見受けられる。

照葉［てるは］

1896年（明治29）～1994年（平成6）。奈良県出身。当初大阪でお披露目をするも、恋愛事件のために自ら小指を切り落とす。その後上京し、「絵葉書美人」として一世を風靡した。廃業後は水商売を転々とし、1935年（昭和10）出家。京都祇王寺庵主・高岡智照尼として生涯を終えた。

萬龍
日本一の名妓

〽酒は正宗《まさむね》 芸者は萬龍
そのふくよかな美貌と人柄のよさから日本一とまでうたわれた名妓。

● 母性にあふれた優しいまなざし、人柄もよかったことから、芸妓仲間からも慕われる存在であったという。明治後期撮影。

豪勢な芸者生活

日露戦争の好景気後に訪れた芸者全盛時代、多くの人気芸者が登場し、嫉妬と羨望が入り混じったゴシップまがいの記事が氾濫し、登場の売れっ妓たちの豪勢な生活ぶりを伝える。

昼間は豪華に着飾って芝居見物に繰り出し、人気俳優たちのパトロンになったり、夜は夜で国家を動かす名士たちの座敷に顔を出す。巡査や教員など公務員の初任給が1か月13円ほどの明治後期、赤坂の萬龍は1か月で2万円の稼ぎがあったといわれている。

萬龍［まんりゅう］

1894年（明治27）～1973年（昭和48）。1908年（明治41）に文芸誌で行われた美人コンテストで1位を獲得したことによって一時代を築き、当時の花柳界を代表する芸妓。1913年（大正2）小説家の恒川陽一郎と結婚。しかし夫は結婚4年目で病死するのだが、死に際に「妻をたのむ」と親友で建築家の岡田信一郎（1883～1932）に遺言を残したことで、萬龍は岡田と再婚。友情物語として当時の紙面を飾った。

●半玉時代にこの上なく豪華に飾り立てられた八千代。すでにその美貌は完成されているが、少女らしいあどけなさもうかがえる。

日本三大名妓のひとり

八千代

派手に飾り立てた道頓堀《どうとんぼり》、五座の櫓《やぐら》といわれた劇場街、そんな大阪南地《なんち》の名物芸者としていち早く絵葉書のモデルに起用されたパイオニア的人物。

●ドレスを着こなせる日本人が少なかった時代、八千代は立派に着こなしたため、洋装で撮影された写真が多数残されている。

八千代［やちよ］

1887年（明治20）～1924年（大正13）。大阪宗右衛門町で一番の大店であった富田屋に在籍し、明治30年代より絵葉書美人として起用されたことにより、その整ったクールビューティーぶりは全国の美人マニアを虜にした。東京の萬龍、京都の千賀勇とともに日本三大芸妓とうたわれた。のちに画家・菅楯彦夫人となる。

新橋に花開いた可憐な美貌

音丸

謎に包まれた名花。

明治、大正の人気芸者の足跡をたどるとき、詳細がたどれない場合が多いのが残念で、この新橋芸者史上屈指の美貌を誇るといえる音丸も、明治から大正初期、新菊村という置屋に在籍していたということ以外、謎のベールに包まれた美女である。

相当に若いのか、はたまたとくにベビーフェイスであったのか、その面影は清純で汚れを知らぬ白い小菊を思わせるところがある。

● 大正期に流行した縞柄の和服に半襟の上品さ、島田髷や帯の巻き方の粋さ、どれをとっても美しいかぎりである。1914年（大正3）頃撮影。

● 1914年（大正3）に開戦した欧州大戦の影響を受けてか、赤十字社の看護婦コスプレで。従軍看護婦は当時の愛国女性たちの憧れであった。1914年（大正3）頃撮影。

音丸［おとまる］

生没年不詳。1910年代の絵葉書美人を代表する美妓のひとり。一流の芸妓が集まっていた新橋芸者のなかでも際立って美しく、多くの絵葉書や雑誌の広告などのモデルに登場している。

● 面長でしもぶくれという古典的な容貌であるが、明治後期には絶大な支持を集めた。1912年（明治45）頃撮影。

栄龍／濱勇

絵葉書ブームに花を添える

栄龍 [えいりゅう]

1896年（明治29）～没年不詳。愛知県出身。1910年（明治43）に二代目·栄龍としてお披露目し、その古典的で初々しい美貌はたちまち注目を集める。三越のポスターや1911年（明治44）に発行された『日曜画報』付録の「新全国百美人」にも選出されて、華々しい芸者全盛時代を飾った。

● 切れ長の一重瞼が涼やかで、髪に飾った花が清純さを引き立てている。1912年（明治45）頃撮影。

濱勇 [はまゆう]

生没年不詳。詳細不明ながらも明治後期に絶大な人気を集めて、多くの絵葉書モデルをつとめた大阪芸者。その切れ長の目の美しさが魅力的である。

● 絵葉書が登場する以前、外国人向けの写真モデルにも多く起用された。17歳以前としては大人びた表情。1897年（明治30）頃撮影。

ぽん太
貞女とうたわれた絵葉書美人の先駆け

ぽん太［ぽんた］

1880年（明治13）〜1925年（大正14）。東京府出身。新橋の玉の家からお披露目すると、その美貌が多くの人々の注目を集めるところとなり、普及しはじめたブロマイドのモデルに起用されるようになる。17歳のときに写真大尽といわれた写真家の鹿嶋清兵衛によって落籍され、ふたりは森鷗外の小説『百物語』のモデルにもなった。女優黎明期を飾った坪内くに子は娘。

お妻
怪我の功名が「洗い髪のお妻」に

● ありのままの女性の姿がかえって魅力となり、洗い髪姿がブームになったこともあった。1897年（明治30）頃撮影。

お妻［おつま］

生没年不詳。明治中期に行われた凌雲閣の東京百美人コンテスト。その写真撮影の日、髪結いに行きそびれてしまった新橋芸者のお妻は、洗いざらしの長髪のまま写場へと入ったのだが、できあがった写真がコンテスト会場に掲出されると、洗い髪のいなせな姿が話題の的になり「洗い髪のお妻」として広く知られる存在になった。

コラム

明治のファッションリーダー

明治から大正初期にかけて隆盛を迎えた美人絵葉書。そのモデルとして多くの芸妓が起用されたが、今となっては名前も知れぬ美人が多く存在する。

● 日本髪の一種である束髪専用の奇抜な帽子をかぶって。1912年（明治45）頃撮影。

指輪をさわりつつ撮影された横顔が美しい芸妓。

奥ゆかしい蕾の美しさ

贅沢の限りを尽くした美しい和服や装飾品に身を包んだ芸妓たちは、当時10代の少女たち。奥ゆかしい表情にはあどけない表情も残っている。当時の芸妓は現在のモデル並みの人気を集めており、絵葉書にとどまらず百貨店のポスター、雑誌のグラビアなどを華やかに飾った。

撮影したのは当時一流の写真館ばかりで、それぞれの技術を競ってより美しい1枚を作り上げ、芸術ともいえる作品を残した。

当時の化粧道具である牡丹刷毛を頬に当てて。少女っぽい表情、束髪には大きなリボンが結ばれており女学生のよう。

● 薔薇の花を手にしたことによりハイカラ味が漂う1枚。娘時代の髪形・桃割れを結い、萩の葉を描いた着物が印象的。

● 牡丹を描いた華やかな帯に派手な柄の着物は、芸妓ならではの贅沢だったといえる。

絵葉書の歴史

日本に普通葉書が登場したのは1873年（明治6）のことであったが、私製葉書の販売が許可されたのは1900年（明治33）のこと。

日露戦争以降に大流行を極めて、芸者のみならず、将軍たちの肖像、戦勝記念の凱旋門を写した絵葉書などが流布し、また都市や名所旧跡を写した絵葉書が各地観光土産の定番となった。芸者絵葉書は明治後期を最盛期として、大正中期に登場するオペラ女優や映画女優のプロマイドへ人気が移行していった。なお「絵葉書」は当初「絵端書」と表記されていた。

ベールをまとうことによってどこか色っぽくハイカラな印象を与える。

ハンカチくわえて目に涙……、いじらしい姿は男心をそそる「明治しぐさ」のひとつ。

ヨーロッパの美人絵葉書を意識し、1910年頃の技術を駆使した日本最初期のコラージュ写真。どことなくユーモアを感じさせる。

1900年代に撮影された洋装姿。まだ洋装は一般に普及しておらず、芸妓も写真撮影のときのみ着用したものだった。

藤の花を背に、桜柄の着物も春らしく。季節感あふれる装いが美しい時代であった。

まだ半玉なのか、着物の肩揚げも初々しい美人。下唇にのみさした口紅も唇が小さく見えるように考えられた特徴的な化粧法。

つらい芸者のつとめ

華やかできらびやかなイメージの芸者だが、家業を継ぐ者のほかは、実際には家が没落したために泣く泣く芸者稼業に身を沈めた（当時はこのように表現した）者がほとんどであった。

当時のシステムとして、本人に相応な金額が身内などに支払われ、お披露目のために贅を尽くして飾り立てられるが、必要経費は自らの借金として上乗せされ、かさんだ借金が返済できないうちは芸者を廃業することはできなかった。円満に借金を返済し自由の身となることを年季明けといい、売れっ妓にならなければ借金の返済も遅くなり、年季明けも遠ざかった。

また年季明け以前に「好きなお方と結婚……」となったときには、相手方が契約解除料金を支払うことで芸者を廃業することができ、それを「落籍」と称した。

● 鏡の前でよそゆきの身なりを整える美人。
今みても奇抜なモダン柄のコートを着用して。

● 伏し目がちで清潔に整えられた
身のこなしが、内面からの美しさ
を表したような１枚。

コラム

小道具と美人

明治初期の文明開化時代を経て、
欧米から多くの文明の利器や
文化の波が押し寄せてくると、
一般人には遠い存在ではあった
西洋の生活が
庶民の憧れの的となった。
そんな時代、絵葉書のなかの美人は
まばゆいばかりの高級品だった
蓄音器、電話機、自転車、ヴァイオリン、
テニスラケットなどを抱え、
澄まし顔で
ファインダーにおさまった。

●珍しい蓄音器でレコードを聴く美人。手にとるのは日本初の国産レコード会社・日本蓄音器商会から発売されたレコード。当時蓄音器は超高級品であり、セットとして使用している例は少ない。1912年（明治45）頃撮影。

◉1900年代ハイカラ好みの人々の中ではヴァイオリンをたしなむことが流行し、新時代の到来を感じさせた。1907年（明治40）頃撮影。

◉明治から戦前にかけて最も人気を集めた楽器のひとつに琵琶がある。その独特の音色は当時の若者の心を揺さぶった。1910年（明治43）頃撮影。

◉ハイカラさん好みの髪形でオルガンを弾く美人。1905年（明治38）頃撮影。

● 西洋生活への憧れはいつの時代も変わらず、テニスをする女学生を演出したのだろうか。つくりものの犬も微笑ましい。

● 浪子は白いハンカチを打ち振りながら「ねぇあなた早く帰って頂戴」と、徳冨蘆花の『不如帰』のワンシーンを思わせる美しい情景。

● 当時出張撮影で使用された大判カメラ・組立暗箱とともにポーズ。本来であればレンズ部分にシャッターが装着された。

開場当時の帝国劇場。「今日は三越　明日は帝劇」というキャッチフレーズも生み出され、庶民の憧れの劇場となった。1911年（明治44）撮影。

第2章

われ新しき女かな

新時代の幕開け

1629年（寛永6）に
風紀を乱すという理由から
女性が舞台に立つことが禁じられて以来、
名を変え姿を変えながら
確実に生きていた女性が舞台に立つ文化。

明治中期に女優解禁となって、
新たな「女優」という職業が誕生した。
しかしそこには
栄光の歴史ではなく
苦難の道が待っているのであった。

ピカソ、ロダンをも魅了し、世界を舞台に活躍

川上貞奴

◉ プッチーニのオペラ「トスカ」を戯曲化し帝国劇場で上演した際、貞奴は七代目松本幸四郎とともに主役を演じた。1913年（大正2）6月上演。

◆アメリカで初舞台を踏んだ日本女優

日本橋の両替商の娘であったが家業が傾いたために、7歳で置屋の養女となる。その後、貞奴の名で芸者となると類まれな美貌と、教養の高さから伊藤博文《いとうひろぶみ》や西園寺公望《さいおんじきんもち》など政財界から絶大な後援を受けて、花柳界でも目立つ存在となった。しかし「オッペケペー節」で名を売った自由民権運動家の川上音二郎《かわかみおとじろう》と結婚したことで、波乱の人生の幕が開くことになる。

川上は衆議院選挙に立候補するも二度にわたって落選。1898年（明治31）に貞奴とボートで日本脱出を計画するも失敗。翌年、川上音二郎一座としてアメリカ巡業を行った際に女優として初舞台を踏む。

◆ロダンのモデルを断る!?

1900年（明治33）にはロンドン公演を経て、パリ万博への出演も行

◉洋行する友人を見送りに来ただけだったのが、船に乗り込み、準備もないまま世界各国を巡り閉口しながら旅をするという喜劇「唖旅行」は帝国劇場での上演。貞奴は珍しかった西洋ダンスも披露した。1908年（明治41）上演。

われたが、この際観客席で貞奴の姿に釘付けになったのが彫刻家のロダンで、貞奴をモデルにという申し出がなされたがロダンを認知していなかったことから断りを入れたという逸話も残っている。

この頃のパリでは貞奴が着用していた和服が東洋エキゾティシズムの象徴として、和服風のドレスが「ヤッコドレス」という名称で流行したという。貞奴は世界を股にかけたファッションリーダーだったのだ。

◆帰国後の活動

帰国後の貞奴は自ら女優として舞台に立つ一方、１９０８年（明治41）、夫とともに日本初の女優養成所である帝国女優養成所を設立した。それまで最下層の存在であった女優の地位を高めるための大きな足がかりとなった。

多くの後進を育成した１９１７年（大正6）、貞奴は女優の引退を表明し、以後は川上児童楽劇団の設立、また事業家としても活動した。

川上貞奴［かわかみ・さだやっこ］

1871年（明治4）～1946（昭和21）。東京府出身。葭町（よしちょう）の芸者・奴として嬌名をうたわれたが、1894年（明治27）に壮士俳優の川上音二郎と結婚。1899年（明治32）に渡米し、「貞奴」の名で突如として女優デビュー。欧米各国を巡演し、フランスでは貞奴ブームを巻き起こした。

◉ この女性こそ実質的な日本初の女優である千歳米坡。
1910年（明治43）頃撮影。

日本初の女優
千歳米坡

千歳米坡［ちとせ・べいは］

1855年（安政2）～1918年（大正7）。葭町で米八を名乗る芸妓であったが、1891年（明治24）に俳優の伊井蓉峰が旗揚げした「男女合同改良演劇 済美館」で女優の世界に飛び込み、実質的な日本の女優第1号といえる。衆議院議員の光妙寺三郎との間に成した子が、のちに築地小劇場の俳優となった東屋三郎（1892～1935）といわれている。

◆女優という存在

日本初の女優といえば川上貞奴があげられるが、貞奴が舞台に立つ約10年前の1891年（明治24）、浅草の吾妻座《あづまざ》（のちの宮戸座）の舞台に立ったひとりの女性が存在した。その女性こそ千歳米坡《ちとせべいは》であった。

千歳は1855年（安政2）東京の生まれで、もともとは葭町《よしちょう》で米八を名乗る芸者であった。政財界の大物たちの寵愛《ちょうあい》を受け贅沢な生活を送りながら、飲む打つ買うの三拍子を揃《そろ》えた破天荒《はてんこう》な半生を送ったとされる。女優時代の記録には「莫連者《ばくれんもの》」（あばずれ女などの意味を持つ）とあることから、女優の元祖が世間からどのように見られていたかということが興味深い点で、以後長い間、女優には同様のイメージがつきまとっていくことになる。

◆「女形」として

● 千歳米坂が出演していた明治30年代前半の浅草六区。後方には凌雲閣が聳えたち、行き交う人々の飾らない姿が下町らしい雰囲気を今に伝える。

そして新派俳優の井伊《いい》蓉峰《ようほう》、水野《みずの》好美《こうび》らが劇団・済美団を旗揚げすると聞くと、潔く芸者を廃業して漢学者の依田學海《よだがっかい》（1834〜1909）から千歳米坂の芸名を与えられて、1891年（明治24）33歳のときに改良演劇「政美党談・淑女の操」で初舞台を踏んだ。

舞台に立つ女性・千歳を示す言葉として「女優」という言葉は使用されておらず、男が女を演じる場合と同じ「女形」という言葉が使用されているのも特筆すべき歴史的事実である。千歳は舞台で演劇を行うほか、長谷川時雨《はせがわしぐれ》によれば投げ節などを歌うこともあった。その後、千歳は三崎座や寄席などに出演し、1918年（大正7）8月2日に亡くなるまで地方まわりを行っていたとされている。

女性のみで演じられた歌舞伎があった！

市川九女八

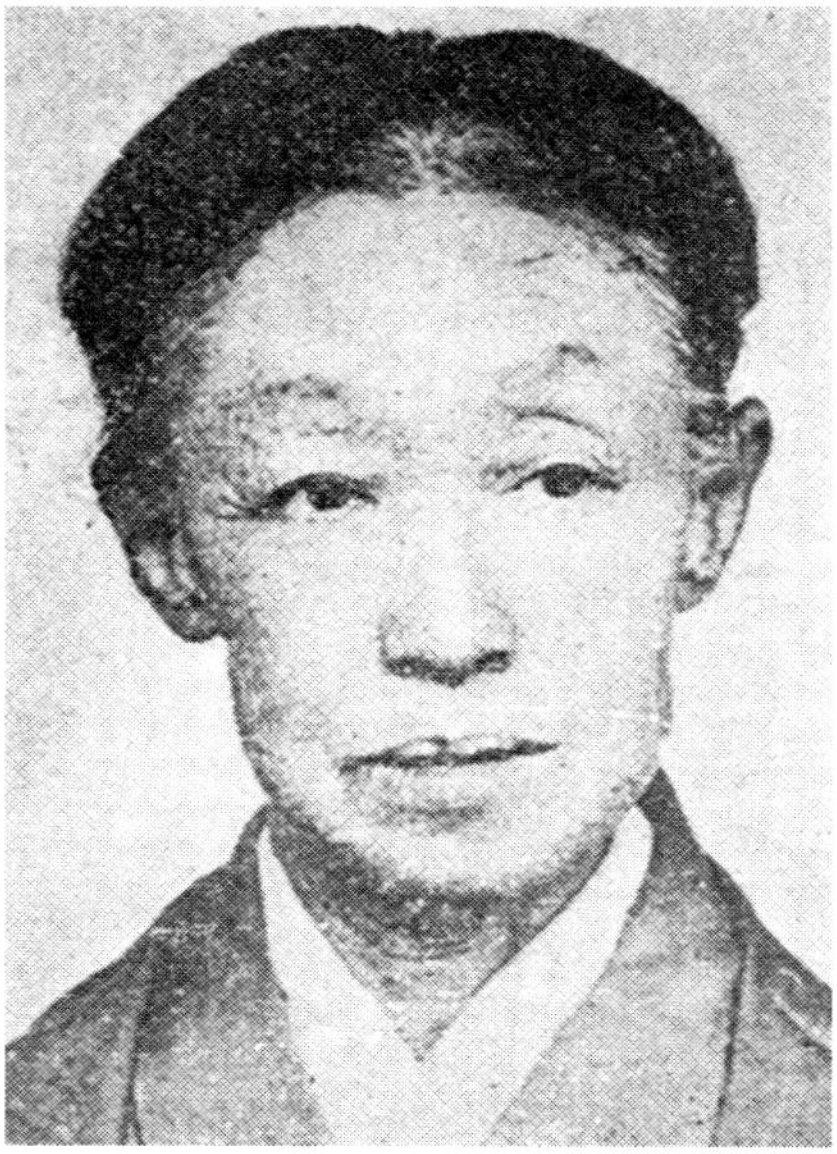

当時の俳優名鑑には「性格　勝気」と記されている。

市川九女八［いちかわ・くめはち］

1834年（天保5）～1913年（大正2）。江戸出身。時は江戸時代末期、幼少時から踊りに身を捧げ、明治維新後になると岩井粂八を名乗って活動した、女役者（当時は旧派女優と称された）の第一人者。その演技力の高さは歌舞伎役者たちも舌を巻いたといわれている。女歌舞伎の常設館・三崎座の座長を務めた。

かつては常設館も

かつて日本には女性のみで公演が行われた歌舞伎が存在した。女歌舞伎の名優といわれる役者たちは男性の歌舞伎役者の門弟として演技を学んだ人々で、かつては常設館も存在した人気娯楽でもあった。

名優・市川九女八の生涯

明治時代以降の女歌舞伎を代表するスターといえば、やはり市川九女《いちかわくめ》八《はち》をおいてほかにないだろう。九女八は幼い頃から踊りの道を志し、なんと7歳にして阪東三枝八の弟子となり、初舞台を踏んだという。

その後、阪東三津江の門下となり阪東桂八を名乗るが、時は江戸時代末期。大名屋敷へ招かれて狂言を披露していたこともあり、まさに出雲阿国《おくに》の流れを汲んだ芸人であった。

そして明治維新の前後には岩井半四郎の門下へ移籍し、「女役者」として寄席に出演するようになり岩井粂八を名乗っていた時期も長かった。その芸の力量は一流の歌舞伎役者も舌を巻くほどで、九代目市川團十郎は「粂八が男だったら立派な俺の相手だ」と言わしめたという伝説も残されている。

その後、九代目團十郎の門下となり市川九女八の名を授かることになる。女性による歌舞伎「女芝居」を常打ちしていた神田の三崎座（のちに神田劇場と改称）で長く座長をつとめていた。

◉若さのなかにもどこか芯の強さを感じる。晩年は旅館の女将として生涯を終えたという。1915年（大正4）頃撮影。

中村歌扇［なかむら・かせん］

1889年（明治22）～1942年（昭和17）。東京府日本橋の出身。父は弁護士で幼い頃から演芸が好きであったことから青江俊蔵の養女となり、1900年（明治33）に中村歌昇の名前で赤坂演技座で初舞台を踏む。その後、浅草六区の御園座を根城として中村歌扇を名乗るとともに、若く美しい歌扇はスターの座に君臨することになる。1920年（大正9）年引退。

◉将来を嘱望されていたが、若くしてこの世を去った。歌扇の引退も、歌江の死のショックからだったといわれている。1915年（大正4）頃撮影。

中村歌江［なかむら・うたえ］

1891年（明治24）～1920年（大正9）。東京府日本橋の出身。生家は商家であったが、14歳にして役者・青江俊蔵の養女となったことによって歌扇・歌江の義姉妹コンビとして売り出すと絶大な人気を博した。ことに若く美しい歌江の存在は女役者の世界に潤いを与えたが、夭逝した。

◉日本映画史草創期の国産映画会社Mパテー商会の絵葉書。中村姉妹が映画女優として初めて出演した。明治後期。

コラム

キワモノ!?

変わり種女優

花井お梅［はない・おうめ］

1863年（文久3）～1916年（大正5）。千葉県出身。芸妓を経て、浜町の料亭・酔月楼の女将をしていた1887年（明治20）、番頭の峰吉を刺殺してしまった事件が注目を浴びることになった。事件の顛末が小説や新内節などになり、お梅を歌った流行歌「明治一代女」は懐メロのスタンダードナンバーになった。

殺人者が女優となった時代!?

女優という職業ができて間もない明治後期、「女優」そのものが流行の一環として存在していたことから、興味本位で女優になる者が続出したことによって荒くれ者の巣窟《そうくつ》のように思われていた節《ふし》がみてとれる。

当時の女優名鑑には本人の性格まで記したものがあり、飲む打つ買うの「莫連者」と紹介されている女優も少なくない。その最たる人物は1887年（明治20）に知人男性を刺殺したという花井お梅で、自ら起こした殺人事件の顛末《てんまつ》を自演して興行したという驚くべき事実が存在している。

大正時代に入ると女優の地位も向上傾向にあったことから、高学歴で女性解放運動にかかわっていた女性たちの自己主張の手段として女優となる者が現れ、行動派の「新しい女」として新時代の到来を予感させたが、予測不能な行動が理解されずメディアで叩かれることもしばしばであった。

女性としてどこまで挑戦できるのか

大正時代に入ってからの代表的な変わり種女優には、オペラ歌手・原信子とのバトル「水銀事件」で有名になった丹いね子、新興宗教の観自在宗の宗家も兼ねていた木村駒子、作家の田村俊子も佐藤露英の名で女優をしていたことがあった。

本書では当時の視点から変わり種女優として取り上げてはいるが、近代女

ハレー嬢［はれーじょう］

1889年（明治22）〜没年不詳。1910年（明治43）、ハレー彗星の接近で日本中が沸き立っていた最中、国民新聞社ではハレー嬢なる人物を取り上げ、一大イベントを煽ったという。このハレー嬢と称した女性こそ、女役者として13歳で初舞台を踏み、真砂座女優劇1期生として在籍した阪東彌名喜（やなぎ）であった。

◉時には過激な行動が目立ったことで「女猪」と称され、ジャーナリストからも敵対視されていたが、竹久夢二は後援者のひとりであった。1915年（大正4）頃撮影。

丹いね子［たん・いねこ］

1894年（明治27）〜没年不詳。東京府出身。東京音楽学校声楽科在学中の1912年（大正元）に巻き起こった「水銀事件」が世間の注目するところとなり、広く知られる存在となる。文筆家や事業家としての顔のほか、舞台人の活動として、大正初期からレコード録音のほか、1920年（大正9）に公開された松竹映画「新生」（ヘンリー小谷監督）への出演もある。

性史の中から客観的にみてみると、丹いね子、木村駒子、田村俊子の3人は女性解放運動の先駆者たちであり、女性としてどこまで挑戦できるのかを身をもって世間に問いかけたといえるが、時としては特異な行動ととられることもあったのである。

時代は下るが大正三美人のひとりで神格化されていた歌人で宗教家の九條武子（1887〜1928）が1928年（昭和3）に亡くなると、九條武子夫人コンテストが開催され、夫人に瓜二つであった三原那智子が優勝者となり伝記映画の主役を演じた。

水銀事件とは

現在と同様に昔も世論を巻き込んだ女性同士のバトルは存在した。その代表的なものが1912年（明治45／大正元）に起きた「水銀事件」である。

ことの顛末は、明治天皇崩御に際して制作された哀悼歌のレコードが企画され、その歌唱者に抜擢されたのが東京音楽学校在校生の丹いね子だった。しかし同校のマドンナとして名高かった原信子がそれを妬んでレストランに誘い出し、丹が飲むペパーミントに水銀を注入して丹の喉を潰して歌えなくした、というものであった。

原信子はあくまで反論し、事態はジャーナリズムを巻き込んで泥沼化。その後、ほとぼりが冷めて世界に名だたるオペラ歌手となった原は沈黙を守ったが、丹は以後20年以上も原への逆恨みをネタに活動を行った。果たして真相は？　いまだに闇の中である。

木村駒子［きむら・こまこ］

1887年（明治20）～1980年（昭和55）。熊本県出身。明治後期からの新劇運動に加わりつつ夫とともに新興宗教・観自在宗を立ち上げる。1915年（大正4）には浅草金龍館において木村駒子一座を旗揚げし女優としての地位を築き上げる。1917年（大正6）には渡米し、現地ではブロードウェイで日本演劇の上演などを経て、帰朝後は映画・演劇・舞踊・社交ダンスの私設学校・芸術大学を創設した。

◉女性解放運動家、女優、舞踊家、事業家、宗教家などの顔を持ち、そのバイタリティーあふれる活動は改めて検証されるべきものがある。1935年（昭和10）頃撮影。

◉まさに九条武子夫人と瓜二つ！　映画「無憂華」は大ヒット作となった。1930年（昭和5）撮影。

三原那智子［みはら・なちこ］

生没年不詳。教師をしているときに、日本女性の鑑といわれた九條武子夫人の没後に行われたコンテストで優勝し、1930年（昭和5）に東亜キネマで制作された武子夫人の伝記映画「無憂華」に主演デビュー。夫人が亡くなるシーンでは多くの観客が涙した。

◈須磨子の当たり役のひとつ「サロメ」。強いまなざしが、内面からあふれる女優としての誇りを表しているよう。1913年（大正2）撮影。

松井須磨子［まつい・すまこ］

1886年（明治19）〜1919年（大正8）。長野県出身。坪内逍遥門下として学び、1911年（明治44）「ハムレット」のオフィリア役に抜擢され本格デビュー。1913年には演出家の島村抱月とともに芸術座を立ち上げ、「復活」のカチューシャ役で一世を風靡。不倫関係にあった抱月が病没すると須磨子も後を追ってこの世を去った。

炎のような一生を歩んだ
女優のパイオニア

松井須磨子

激しく生きた一生

日本の女優史上、捨て身で芝居に取り組んで演技に開眼し、ひとつのタレントとして一時代を築いた女優といえば松井須磨子をおいてほかにはないだろう。

須磨子は1886年（明治19）3月8日、長野県松代町の出身。1909年（明治42）に坪内逍遥《つぼうちしょうよう》によって設立された文芸協会演劇研究所の1期生として参加したことによって演劇の道を歩みはじめることになる。

1911年（明治44）に上演された「ハムレット」では、オフィリア役に抜擢され注目を浴びる。その後、「人形の家」の主人公ノラなどの強

◉須磨子が初めて注目を浴びた文芸協会「ハムレット」の舞台。1911年（明治44）撮影。

く生きていく女性役を演じることが須磨子の生きざまと重なり、多くの女性たちの憧れの存在となっていった。日本一の女優という地位を欲しいままにしていた1918年（大正7）11月5日のこと、世界的に流行していたスペイン風邪を患って病床に伏していた演出家で愛人であった島村抱月《しまむらほうげつ》が死去。

支えを失った須磨子は1919年（大正8）1月5日の朝方、牛込にあった芸術座の事務所において縊死《いし》した。享年34歳であった。

◆われ新しき女かな

須磨子は自叙伝『牡丹刷毛』のなかで、帝劇出演時に受けた演技指導を例にあげて、「其人が自分自ら解釈を下して私をそれに従わせ様とする。そして私がそれに対して不快な顔色をしたり、従わなかったりすると、すぐ例の生意気だという態度で来る。私はこんなことを思うても悔し涙に瞼《まぶた》が濡《ぬ》れます。そして内しょでそっと涙を拭く事が有っても素早く見付けて『女の涙を以て訴える卑劣な奴』とののしられる。（略）女にも虫が有り魂が有るかぎりそう何時までも屈辱され迫害されて居られるものではありません。あきらめの早い芸術家ならスッパリと芸術を捨てるでしょう。外に慰安を求めるでしょう。けれど私の様に親を捨て姉妹を捨ててまでしてすがった芸術——世界のあらゆるものに代えたたった

松井須磨子自殺の報道

時を経ることで正統な評価を受ける場合があれば、客観性に欠ける過大な評価となってしまう場合が散見できるのだが、少なくとも松井須磨子の存在は大きなものだったことに関しては間違いはなく、自殺の報道はかなり大々的なものであった。各新聞での報道ほか、文芸雑誌、婦人雑誌でも特集記事が掲載され、また伝記『恋の哀史 須磨子の一生』が刊行。また演歌師によって「松井須磨子の歌」が作られ巷間で歌われた。

上◉「サロメ」（オスカー・ワイルド原作）でヨカナーンの首を銀の皿に乗せ口づけするシーン。前代未聞のグロテスク美は多くの観客を魅了した。1913年（大正2）上演。
下◉女性は家を守ることを強いられた封建的な時代、「人形の家」（イプセン原作）では自由を求めて生きるノラ役を演じ多くの女性の共感を集めた。1911年（明治44）上演。

一つの宝である。その芸術にはなれるよりはむしろ死を選んだ方がましだと思う位です」と女性および女優の地位向上のために熱い思いをつづっている。

そんな須磨子は「マント着て　われ新しき女かな」という句を残している。

大正時代に流行した縞柄の和服を着用して。1915年（大正4）頃。

1914年（大正3）に初演された「復活」（トルストイ原作）の大ヒットは須磨子の名を日本全国に知らしめることになった。

カチューシャ役を演じた須磨子が歌った「カチューシャの唄」は流行歌の元祖ともなり、「ゴンドラの唄」「さすらひの唄」などのヒット曲を創唱した。

美容整形女優第1号

なんと松井須磨子は、日本で初めて美容整形をした女優としても知られている。須磨子が受けた手術は美容整形でも隆鼻術であった。

しかし皮下に蠟《ろう》を注入するという原始的な方法だったことから、夏になって蠟が溶けると鼻が崩れ、冬には鼻が紫色に変色したといわれている。恋ばかりではなく、鼻の調子に悩む須磨子の心は如何許《いかばか》り、いつの時代も先駆者は辛いもの……。

その後、昭和に入ってからは多くの女優たちが二重瞼の手術を受けるようになり、プチ美容整形が時の流行を追う女性たちに浸透していくことになる。

多くの俳優を輩出し新劇の発展に大きく貢献した俳優養成所・文芸協会の舞台の様子。松井須磨子や林千歳などの姿が見て取れる。

松井須磨子に次ぐ 新劇女優の芽生え

松井須磨子の人気とともに新劇の勃興《ぼっこう》時代が重なり、多くの新劇女優が誕生した。河原者《かわらもの》といわれ社会から軽視されてきた女優であったが、川上貞奴や松井須磨子の活躍により時代の先端をゆく憧れの職業となったのも事実であった。

それまで芸界に身を投じる場合は家出同然で旅の一座に飛び込むなどの様子が見て取れたが、川上貞奴が立ち上げた帝国女優養成所の開校を皮切りに、有楽座女優養成所、松竹女優養成所、聚楽館女優養成所など、女優として生きる道を示す養成所が続々と開校した。一種の流行だったことから間もなく廃校になったり、養成された女優も大成した例は少なかったが、大正文化の一端として記録されるべきものといえる。

後年は落ち着いた役どころで映画に出演した。1930年（昭和5）頃撮影。

林千歳［はやし・ちとせ］

1889年（明治22）～1962年（昭和37）。大阪府出身。日本女子大学校英文科を卒業したという、日本女優史上初の高学歴女優である。1909年（明治42）坪内逍遥によって設立された文芸協会の第1期生として河野千歳の名で入学し新劇女優の草分けのひとりとなる。1920年（大正9）からは映画女優としての道を歩む。

◉整った美しさのなかにも芯の強さがうかがえる1枚。帝劇の公式プロフィール写真。1912年（明治45）撮影。

◉恵まれた肉体美、力強いまなざしには、「新しい女」「女優」としての自信が満ちあふれているよう。1915年（大正4）頃撮影。

上山浦路［かみやま・うらじ］

1885年（明治18）～1947年（昭和22）。東京府青山の出身。華族女学校卒業という経歴の持ち主で、日本初のお嬢様女優となった。俳優の上山草人と結婚後に文芸協会に参加し、1911年（明治44）に上演された「ハムレット」では松井須磨子のオフィリアに対して、王妃ガートルードを演じる。1919年（大正8）夫とともに渡米。

三笠万里子［みかさ・まりこ］

1893年（明治26）～1972年（昭和47）。大阪府出身。神戸聚楽館の女優養成所に入所し、1913年（大正2）に初舞台を踏む。その後、新劇女優として活動するなかで作家の佐藤紅緑（こうろく）と知遇を得て結婚。1924年（大正13）には映画女優に転身するも数本の出演で引退。作家の佐藤愛子は娘。

◉関西好みの派手でありながらも上品な和服に身を包んで。舞台映えする姿が想像できる女優らしい表情。1918年（大正7）頃撮影。

和歌浦糸子［わかのうら・いとこ］

生没年不詳。大阪松竹女優養成所に入所し初舞台を踏む。大正中期より新派や連鎖劇の劇団で活躍し、関西圏で絶大な人気を誇った。その後は芸者学校の校長を経て、1950～60年代まで端役として多くの映画に出演した。

文学者に愛された女優たち

女優が特別な存在だった時代、新劇に取り組むグループは文学者たちとの交流が深く、大正から昭和初期の小説には特定の女優の名が登場する随筆や女優をモデルとした小説がたくさん発表されている。

谷崎潤一郎は義妹・葉山三千子を日本映画初の水着女優に仕立て、佐藤春夫の最初の妻は女優の川路歌子、2人目の妻も女優であった。映画では大佛次郎夫人が女優の吾妻光、妻ではないが女優の松井千枝子は久米正雄の推薦で松竹に入社しており、文学界との深い関係が垣間見られる。

森律子［もり・りつこ］

1890年（明治23）〜1961年（昭和36）。代議士・森肇を父に持ち、突如として女優を志し川上貞奴の帝国女優養成所に入所。名士の娘の芸界入りは世間を騒然とさせたが、自立心の強い森律子は自らの道を切り開き、帝劇一のスター女優となった。女優の地位を高めた功労者のひとりといえる。

◉贅沢の限りを尽くした和服姿の森律子。1911年（明治44）撮影。

◉歌舞伎役者の守田勘彌と音羽兼子が主演した、1919年（大正8）上演「ロミオとジュリエット」の舞台写真。近代の歌舞伎役者は新劇などにも積極的に取り組んだ。

元祖セレブ女優たち

森律子と帝劇女優

◆帝国女優養成所

日本の女優史を切り開いた川上貞奴であったが、帰国後は女優として舞台に立つかたわら、女優の養成に力を入れて多くの後進を輩出したことは演劇史において多大な足跡を残すことになった。その後進養成の一番最初の動きとなったのが、帝国劇場の開場を見越して1908年（明治41）9月に夫の川上音二郎とともに創設した。帝国女優養成所であった。

それまで女優という職業は芸人の家系であったり、女優に憧れて家出をした者が就く仕事で、常に世間から好奇な目で見られる存在であった。この帝国女優養成所では「高等の教育を受けたる、身分ある人の子女」

豪華で派手な舞台に観客たちは驚いたことだろう。1911年（明治44）上演「百年前と今日」の舞台。

佐藤はま子［さとう・はまこ］

1890年（明治23）～没年不詳。東京府出身。帝国女優養成所の第1期生として学ぶ。舞台では地味な役柄を受け持っていたが演技力に長けており評論家たちの目に留まり、初舞台から間もなく濱見会という後援会も設立されたという。

大ぶりの束髪に乗せたリボンが女学生のような印象を与える佐藤はま子。真珠の指輪が控えめに輝いて。1911年（明治44）頃撮影。

美しく整った髪形、着物、表情には従来の女優にはみられなかった品が漂っていた。初瀬浪子。1911年（明治44）頃撮影。

初瀬浪子［はつせ・なみこ］

1888年（明治21）～1951年（昭和26）。東京府出身。帝国女優養成所の1期生として学び、森律子とともに帝劇で活躍した人気女優。1913年（大正2）東日出子とともに出版した書籍『女優日記』は、女優本の先駆けとなった。後年は映画にも出演した。

帝劇では試験的、革新的な舞台を繰り広げ観衆を驚かせた。この「エレクトリック・ダンス」の写真を見ると、小さな電球を付けた輪を頭に着用しているのがユニーク。1913年（大正2）上演。

（帝国劇場案内）が集められることとなる。

1期生として森律子、初瀬浪子、村田嘉久子、河村菊枝、藤間房子ら15人が入所し、演劇、邦楽、日舞、洋舞、声楽などのカリキュラムが用意されており、かつて類を見ない女優としての教育を受けることとなる。そして1911年（明治44）の帝国劇場の開場とともにそのまま帝国劇場の専属となって名称も帝国劇場技芸学校と改称し、「帝劇名物」として華々しく宣伝されることになった。

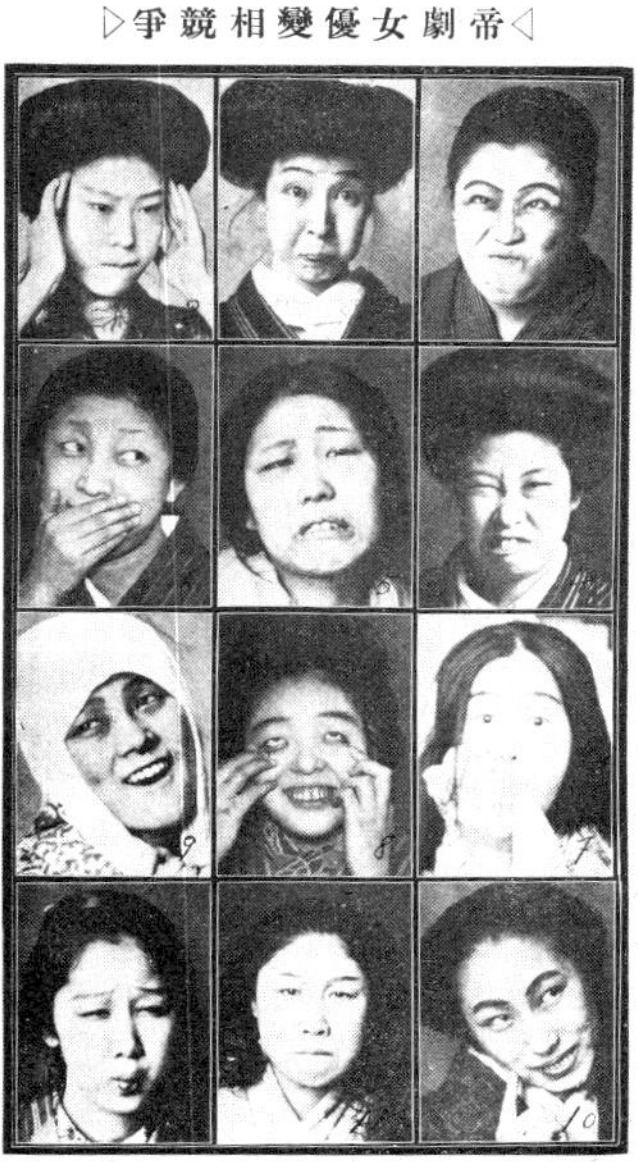

日本初の女優名鑑『女優かゞ美』（1912年刊）に掲載された帝劇女優による「この人は誰でしょう？」懸賞写真。日本初、女優による変顔写真だろう。

◆日本人に新しい笑いを提供

帝劇の専属女優は歌舞伎役者とともに舞台に立つことを許され、伝統的な歌舞伎の舞台に花を添えた。

女優劇では帝劇の役員である三井物産の益田太郎が「益田太郎冠者」のペンネームでヨーロッパ風の喜劇脚本を書き下ろし、「男ノラ」「混線」「ドッチャダンネ」などの傑作・迷作を続々と上演。日本人に新しい笑いを提供した功績は大きいといえる。

コラム

明治・大正版「俳優になるには」

1965年（昭和40）頃、四国にあった劇場の舞台裏での1枚。芸人がいかに差別されていたかの証拠写真。

現在、俳優という職業を名乗る場合は自称であり、俳優を名乗るあたっての規定などは定められてはいないが、戦前に俳優を名乗る場合は「俳優鑑札《かんさつ》」を取得しなければ俳優と認められない時代であったのだ。そもそも俳優鑑札はどのように取得するものだったのか、俳優にとってどのような利益があったのだろうか。数少ない資料から、戦前における俳優の立ち位置を浮き彫りにしていきたい。

俳優鑑札を取得するには？

文明開化の影響を大きく受けて、それまで河原者と呼ばれた役者という職業の地位向上を図るために、東京府庁の認可を得て1895年（明治28）2月26日に設立されたのが東京俳優組合（現・日本俳優協会）であった。

俳優鑑札を取得するためにはこの東京俳優組合に加入することが前提であり、そこで組合内部に設置された正副頭取特別委員によってそれぞれに見合った等級を公平に与えられ、各自治体へ俳優鑑札取得の申し出が行われた。また俳優を廃業する場合は鑑札の返納も行わなければならなかった。

等級とは？

当時、俳優には1等から9等（都市部では8等まで）の等級が与えられており、その等級の決定方法については本人の希望を汲みつつ芸歴や芸界への貢献度が考慮されたものと思われ、人気と等級は比例していない。

当然のことながら等級の高さがステイタスにつながるわけなのだが、等級に合わせた納税義務が発生していたのも事実で、たとえば東京で認可された1等俳優は半期で180円と決められていたが、8等俳優は2円ということから、その差は歴然である。

ここに掲載したのは1965年（昭和40）頃に四国の劇場で撮影された写真。被写体は漫才師として一時代を築いた青空うれし氏なのだが、後方には「芸人大便所」の文字が見て取れる。それは芸人専用に特別待遇で設置されたものではなく、観客用や劇場関係者用のトイレを使用することが許されず、芸人はこのトイレを使用しなさいという扱いで、掃除も行き届かないような小さなものであったという。この場合「芸人」はお笑い芸人をさすものではなく、俳優を含めて劇場の出演者すべてをさすものである。

現在「芸人」「俳優」という職業は花形であり憧憬の的であるが、江戸時代には「河原乞食」「河原者」として根強い差別を受けた歴史があったことは広く知られている。しかし、そのような芸人差別が1960年代までたしかに生きていたという事実が写真からは如実に受け取ることができる。

三島文学にも登場するスーパースター

初代 松旭斎天勝

◆三島由紀夫の憧れ

作家・三島由紀夫が1949年（昭和24）に発表し、世間を驚かせた自伝的小説『仮面の告白』。三島はそのなかで、「『天勝になりたい』といういねがい」を告白し、幼い頃に天勝の舞台を観て憧れ、女ものの着物を身にまとい天勝ごっこで遊んだ幼少時の様子を記した。

そんな多くの人々を魅了した初代・松旭斎天勝はどんなスターだったのだろうか？

当時の日本女性には珍しく恵まれたグラマーな肢体で、肉襦袢《にくじゅばん》を身に着けた一見セミヌードを思わせる悩殺絵葉書が多く存在しているが、天

松旭斎天勝［しょうきょくさい・てんかつ］

1886年（明治19）〜1944年（昭和19）。東京府出身。少女時代から松旭斎天一に師事し奇術を学び海外を巡演。1911年（明治44）に独立し天勝一座を旗揚げすると、華やかな美貌と家族連れで見られる奇術ショーが話題を呼んで、日本のショービジネス界のスーパースターとなった。三島由紀夫の出世作『仮面の告白』には幼き日の三島が天勝ごっこをする様子が描かれている。

◉アメリカナイズされた天勝ならではの表情。師から独立し、天勝一座を旗揚げした当時に撮影されたプロマイド。1912年（明治45）頃撮影。

◉ 大正中期に撮影された「天勝と娘子軍」。天勝は子ども向けの舞台にも積極的に取り組んだことから、熟練の芸人より初々しい少女を多数起用した。1915年（大正4）頃撮影。

勝一座の特徴としては子ども向けの演《だ》し物を多く取り入れ家族で楽しめるショーを展開したところにあった。

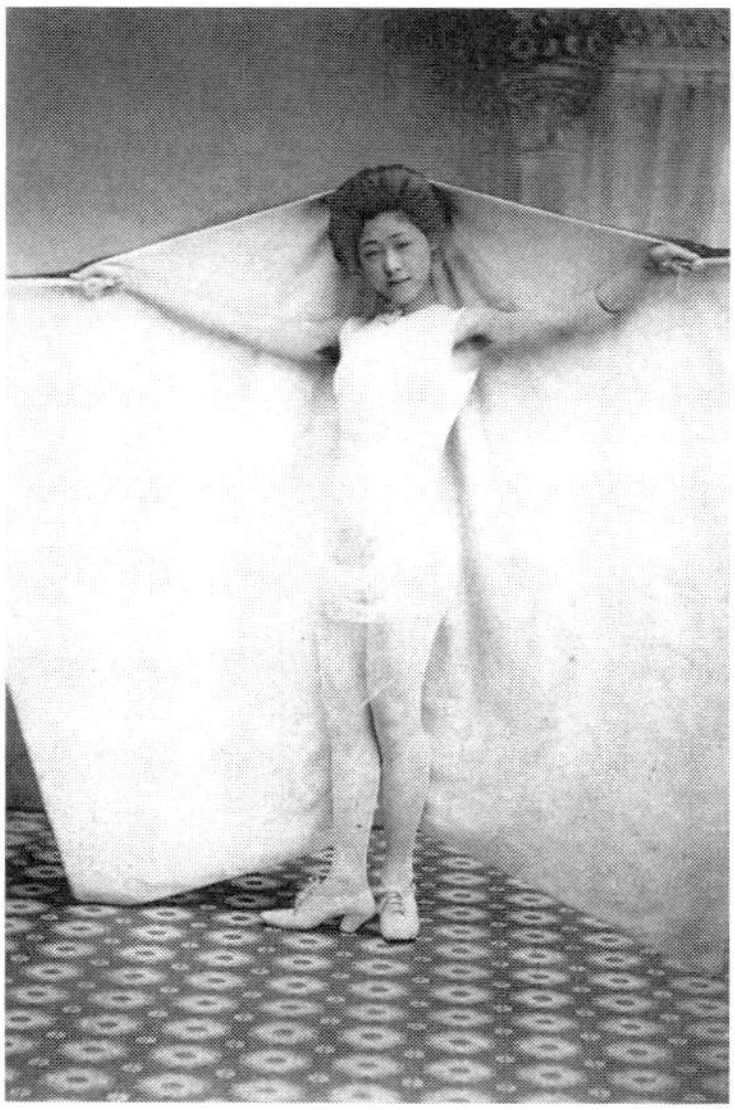

右◉ 若き日の天勝。天勝をスターダムにのし上げたのは、当時としては衝撃的なエロティックな姿態だったともいえる。1908年（明治41）頃撮影。
左◉ 指輪をはめた手の表情も美しく、ドレス姿も板についた若き日の天勝。1908年（明治41）頃撮影。

◆魔術の女王

明治30年代から昭和初期まで第一線で活躍した天勝は、常に若さと美貌を保ち続けていたことから「天勝は人魚の肉を食べて若さを保っている」と噂されていた。

グロテスクな描写が衝撃を与えた「サロメ」は大正時代、川上貞奴、松井須磨子、原信子などの当時を代表する女優の多くが演じたが、天勝の「サロメ」が最も秀逸で美しかったといわれているものの、セリフ回しがマジックの口上のようだったといわれている。

◉明治後期に撮影された素顔の天勝。束髪のひさし部分にはリボンが巻かれており、お洒落だった一面がうかがえる。1912年（明治45）頃撮影。

◉大正後期に撮影された舞台姿の天勝。海外興行を幾度となく成功させ、常に全盛期であった。1925年（大正14）撮影。

◉天勝が演じた「サロメ」。当時多くの女優がサロメを演じたが、容貌の美しさ、肉体の豊満さなど天勝のサロメが最も美しかったという。1915年（大正4）頃撮影。

初代天勝一座最後期の舞台。この華やかな舞台が多くの観客を魅了してやまなかった。1937 年（昭和 12）撮影。

花盛り！ニセモノ天勝の出現

歌手・美空ひばりのデビュー当時、「美空ひばり」「青空ひばり」などのニセモノが出現し、地方の人々は本物と思い込んで劇場に馳せ参じたという話が伝えられているが、稀代のスター松旭斎天勝にもニセモノが多く存在し、いずれも相当に人気を集めていたというのだから驚きである。

当時の新聞やチラシには、宗家天勝、松旭派天勝、松竹斎天勝などの名が見られるが全員ニセモノ。ホンモノとニセモノが新聞上でやりあったことさえあったが、なんとも大らかな時代であった。

スパンコールの衣装も華やかな昭和初期の若々しい天勝。現在の言葉でいう「美魔女」的存在であった。1930 年（昭和 5）頃撮影。

ダンス、オペラ、ジャズ……天勝は常に新しいものを舞台やその周辺に取り入れ、大衆文化の先端をいった。1926 年（大正 15）のパンフレットでは柳瀬正夢（まさむ）画の奇抜な表現派を取り入れている。

日本オペラ史を飾る 帝劇の歌姫たち

日本オペラの黎明期

日本の劇界に革新を巻き起こす使命に燃えていた帝劇の役員たちが次に取りかかったのが海外の高級娯楽だったオペラを仕かけることであった。そんな帝国劇場歌劇部が開設されたのは1911年（明治44）8月のことで、日本初の民間によるオペラ俳優養成所となった。

オペラに素養のなかった生徒が大半だったことから、東京音楽学校でクラシックやオペラを学んだ三浦環（当時は柴田環を名乗っていた）が教師と舞台出演を兼ねる形で公演が行われていた。

すでに華々しい名声を浴びていた三浦環であったが突如として帝劇を去ると、環二世と称されていた原信

三浦環［みうら・たまき］

1884年（明治17）～1946年（昭和21）。東京府出身。虎の門女学館（現・東京女学館）に在学中、自転車で登校したことから「自転車美人」としてマドンナ的存在となり、東京音楽学校時代にはソプラノ歌手として名を轟かせた。「お蝶夫人」を当たり役として世界各国を巡演し、生涯で2000回以上の公演を行ったという。

左◉帝劇教師時代、まだ柴田姓を名乗っていた頃の三浦環。1911年（明治44）頃撮影。
右◉1922年（大正11）に帰国した際に撮影された三浦環。天真爛漫で純真な人柄は多くの人々から愛された。

原信子［はら・のぶこ］

1893年（明治26）〜1979年（昭和54）。青森県出身。東京音楽学校に在学中からその才能と美貌は多くの注目を浴び、帝国劇場歌劇部の教師、ローシーオペラコミックのプリマを経て、浅草に進出。1919年（大正8）には渡米し、1928年（昭和3）からは日本人初のミラノ・スカラ座専属歌手という栄誉を手にした。

◉ひときわ美しく気高く存在感を放った原信子。1918年（大正7）歌劇「サロメ」に主演した際に撮影されたもの。

子が後任として招聘《しょうへい》され、アメリカ留学帰りのソプラノ高折寿美子なども客演し日本初演となる「お蝶夫人」（ただし抜粋）を上演した。

◈偉大な足跡を残した歌姫

その後、三浦環は1914年（大正3）にドイツへと渡って改めて音楽を学び、1916年（大正4）には「お蝶夫人」を上演し、作者のプッチーニ本人から認められたという伝説も残っている。当たり役となった「お蝶夫人」は生涯で2000回以上公演されたという記録さえ残っており、世界に誇る日本人歌手の第1号になった。

また環二世と称された原信子は、帝劇で活躍後に浅草オペラの隆盛時代を築き上げたが1918年（大正7）に渡米。1928年（昭和3）から1933年（昭和8）まで日本人初のミラノ・スカラ座専属歌手になるというオペラ界の栄光を手にしている。

◉日本初演の「お蝶夫人」（ただし改編版）で主演を演じる高折寿美子（1886～1961）。明治後期から大正初期の楽壇で活躍したソプラノ歌手で、帝劇出演時にはマダム・スミコの名で出演した。1914年（大正3）撮影。

◉1911年（明治44）帝劇開場当時の帝国劇場オーケストラを写した貴重な1枚。この中から後の音楽史に名を残す演奏家が多く生まれた。

帝劇歌劇部の創設

日本初の民間オペラ俳優養成所

喜歌劇「戦争と平和」（ジェロルステイン大公妃殿下）の一場面で、帝劇での公演が日本初演となった。浅草オペラでは「ブン大将」の邦題で親しまれた。1915年（大正4）撮影。

黙劇「金色鬼」の一場面。帝劇は舞踊家の育成にも力を入れており、試験的な作品を続々と上演した。露出度の高いコスチュームに当時の男性は釘付けだったことだろう。1914年（大正3）

1911年（明治44）8月に創設し、第1期生の募集と養成が行われた帝国劇場歌劇部は、同年12月には帝劇初の歌劇「カバレリア・ルスチカナ」を上演。翌年には能を材に取った創作歌劇「熊野」を上演するも、今まで見たこともないオペラの舞台に観客は困惑した。

1912年（大正元）にはイタリア人舞踊教師ジョバンニ・ヴィットリオ・ローシーの来日によってオペラからオペレッタ上演への移行が行われ、「マスコット」「戦争と平和」（ジェロルスティン大公妃殿下）、「古城の鐘」などの名作オペラが日本初演となる一方、洋舞への取り組みも大きなものであった。のちにモダンダンスの開祖となる石井漠、高田雅夫、原せい子、澤モリノなどの優秀な生徒を育成した。

1914年（大正3）には洋劇部と改称したが、公演に莫大な費用がかかるうえに不評だったことから1

帝劇初の創作歌劇「熊野」の公演では柴田環が転倒したことで評判になり、ソプラノとバリトンの発声に観客は笑いをこらえることができなかったという。1912年（明治45）上演。

高木徳子の帰朝公演「夢幻的バレー」の一場面で、三越呉服店玩具部に並ぶ人形たちが夜になると踊り出すという作品。帝劇女優、歌劇部生徒が助演した。1915年（大正4）上演。

日本オペラの父・ローシー

帝国劇場歌劇部の舞踊教師として招聘されたローシー（Giovanni Vittorio Rosi）は、1867年イタリア出身の舞踊家、演出家であった。現地で活躍後、1912年（大正元）に妻で舞踊家のジュリア・リーベを引き連れて来日。

帝国劇場（imperial theater）と聞いたローシーは国営劇場と思い込んで大いに意気込んでいたが、実際は民営劇場だったためガッカリしたといわれている。帝国劇場歌劇部関係者のみならず、松井須磨子や河合武雄などもローシーの教えを受けたが、日本語ができなかったことで意思疎通ができず、多くの音楽関係者を敵にまわしてしまった。1918年（大正7）逃げるようにアメリカに渡り、1940年（昭和15）9月6日に没した。

916年（大正5）帝劇役員の交代とともに内部整理が行われると洋劇部もその対象となり、やむなく解散となってしまった。しかし帝劇歌劇部で育った歌手や舞踊家がのちの娯楽文化を築き上げていくことになる。

近代劇協会で「ファウスト」を日本初演した際は劇団俳優のほか、帝劇歌劇部の生徒も客演して錦上花を添えた。ファウストを演じる上山草人を囲む、澤モリノ、中山歌子ら歌劇部生徒。1913年（大正2）撮影。

コラム

いつの時代もジャケが命!?

楽譜に描かれた美人

大正、昭和の画家といえば夢二？ 華宵？ 淳一？

今でも人気が高い竹久夢二や高畠華《たかばたけか》宵《しょう》、また加藤まさを、中原淳一など、人気画家の多くが楽譜の表紙を手がけているが、当時巷に流布していた多くの楽譜や唄本には、無名また書き人知らずの画家が表紙を描いたものが多く存在した。

また当時としてはシンフォニー楽譜の多くの表紙を手がけながらも人気画家の陰に隠れてしまった勝山ひろしのような実力派も存在感を放っている。

無名作家の作品が使用された時代

夢二がセノオ楽譜の表紙を書く以前、あるいはその前後は、楽譜は歌を知るためのものであったので、その表紙絵のほとんどに作者名の記載などはなく、果たして挿絵作家によるものなのか、

日本初のフォックストロット「黒い眸よ今いづこ」はダンスミュージックとして大流行。エロ全盛時代らしく、胸が強調して描かれている。1930年（昭和5）発行。

当時全国的に流行した「道頓堀行進曲」の歌詞を浅草に置き替えた「浅草行進曲」の楽譜。表紙に描かれたのはカフェーの女給。1929年（昭和4）発行。

絵が上手だった楽譜発行者が描いたものなのかは、今となっては不明である。

　しかし有名作家とはまた違った作風が、当時の庶民生活を如実に伝えるものがあり、面白い資料といえる。

◉芸者衆の嬌声が聞こえてきそうな、大正の享楽文化を反映した唄本の表紙。1917年（大正6）発行。

◉日露戦争の戦勝気分に沸いていた1905年（明治38）発行の唄本に描かれているのは、江戸時代の錦絵から抜け出したような美人。

◉1910～20年代にヴァイオリン演歌師が街頭に立ちながら販売した唄本。やはり表紙絵は美人が多かった。1917年（大正6）発行。

上流婦人を描いたのかヴァイオリン片手に、大正ロマンの色濃い美人が表紙の「新くれ節」の唄本。1919年（大正8）発行。

1922年（大正11）に刊行された、流し目の色っぽいイラストが魅力の浅草オペラの唄本。

ぎこちない洋装美人が描かれた「オペラソング」唄本。当時の安価な唄本には数字譜が掲載されている。1918年（大正7）。

左 ● 中山晋平作曲、野口雨情作詞の名曲「紅屋の娘」。レコードでは「東京行進曲」とカップリングされた。1929 年（昭和 4）発行。
右 ● モダンの波は音楽にも波及。当時のジャズマンたちは民謡や端唄・小唄などをジャズにアレンジして、派手派手しく演奏を行った。「ジャズによる 深川」1930 年（昭和 5）発行。

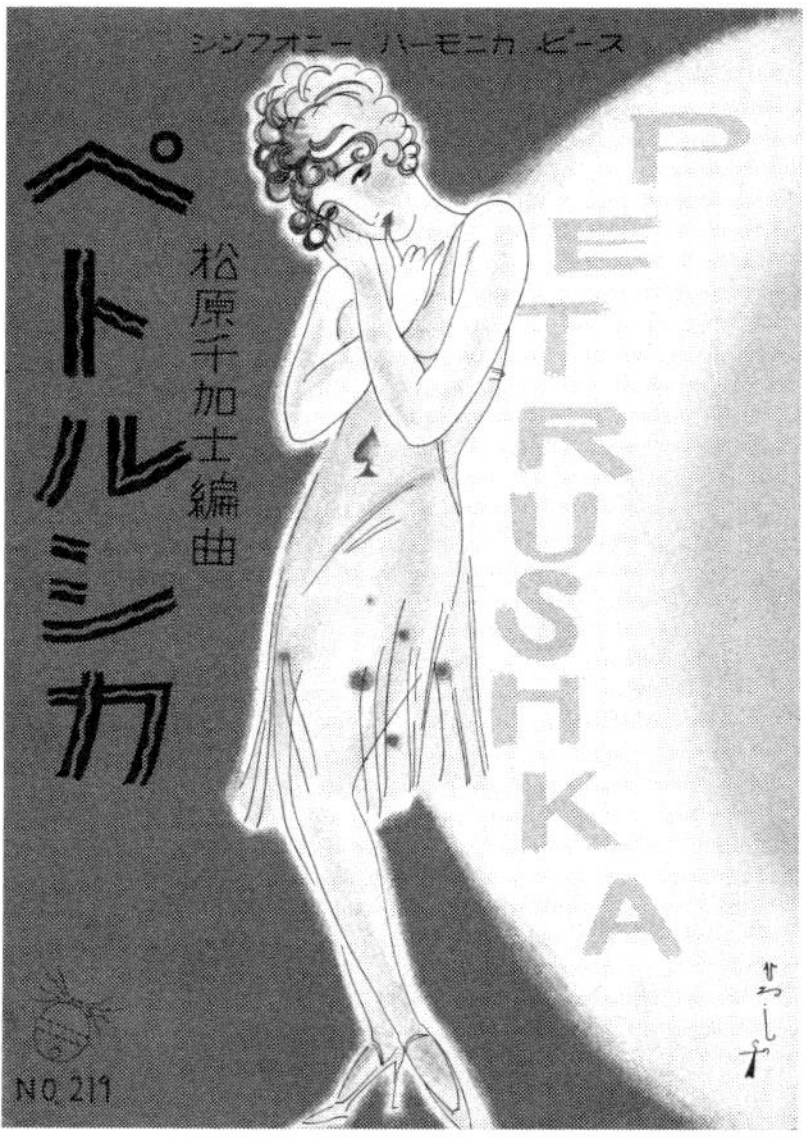

左 ● モダン時代の象徴、昭和初期を代表する名曲「君恋し」。多くの歌手たちに長く歌われた。1929 年（昭和 4）発行。
右 ● ジャズの開祖・二村定一が歌唱した、ジャズソング「ペトルシカ」。どこか色っぽい金髪美人が描かれている。1929 年（昭和 4）

コラム

最高級の洋式劇場　帝国劇場

路面電車や馬車が行き交う文化的な土地に開場したばかりの帝国劇場。明治後期撮影。

帝国劇場の２階部分。宮殿をモチーフにしただけあってこのうえなくゴージャスな造りになっている。明治後期撮影。

そもそも帝国劇場は、日本に貴賓《きひん》を迎える劇場が存在しなかったことから、伊藤博文、西園寺公望ら政財界の大物たちの賛同を受けて、1906年（明治39）11月に帝国劇場建設の発起人総会が開かれ、渋沢栄一男爵が創立委員長に就任。1907年（明治40）2月には帝国劇場株式会社が設立された。国営劇場ではないものの、国家を巻き込んだ大事業であった。

1911年（明治44）発行の『帝国劇場案内』によれば、設計を担当した横河民輔は、帝国劇場の設計図を作成するに際して、欧州の劇場を現地視察した上でルネッサンス洋式の外観を取り入れて「宮殿」を意識、欧米諸国に引けを取らない豪華絢爛なデザインを完成させた。そして皇居や東京駅が近く、また帝国ホテルから徒歩圏内である日比谷に2300坪の土地を用意して建坪645坪として工事に取りかかることとなった。

超リッチ！　夢の劇場

建物内部には大理石が潤沢に使用され、耐震、防災、冷暖房、換気設備なども完備し、現在にも続く高級劇場の基礎を作ったともいえる。

それまで浅草あたりの芝居小屋での観客席は土間に長椅子、升席《ますせき》などが主流であったが、帝国劇場では赤い絨毯が敷かれ、特等・1等・2等席には現在と同様の畳み込み式の劇場椅子が備え付けられており、特等から4等までの全席で約1700人の収容が可能という当時としては大劇場であった。観覧席の天井には天女を描いた油彩の装飾画があしらわれ、とくに貴賓休憩室には岡田三郎助による風景画が四方に掲げられており、また3階食堂には時代風俗画のほかに一面をオーク材の寄木細工であしらい、ステンドグラスも取り入れられている。

また舞台装置も時代の先取りをしたものであり、照明数は3500個、舞台上には電動の回り舞台が用意され、とくに宙づりの装置は世界の最先端をいくものでドイツの会社へ特注をしたことによって実現したものであった。こんな帝国劇場に出かけるのが上流階級のステータスとなり、「今日は三越　明日は帝劇」というキャッチコピーまで誕生した。

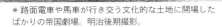

大正デカダンスといわれる時代を強く思わせる、舞踊家・堺千代子のプロマイド。
1922年（大正11）頃撮影。

第3章
浅草に花開いた民衆文化とオペラ女優

1917年（大正6）1月、
浅草六区興行街にあった
常盤座に出演した
洋行帰りの舞踊家・高木徳子が
一座を率いて出演。

上演した歌舞劇「女軍出征」が
空前の観客を動員し、
浅草では一躍オペラやオペレッタ、ミュージカル、
モダンダンスなどの西洋音楽文化が花開き、
「浅草オペラ」文化を築き上げた。

日本初のトーダンサーとして時代を切り開いた
高木徳子

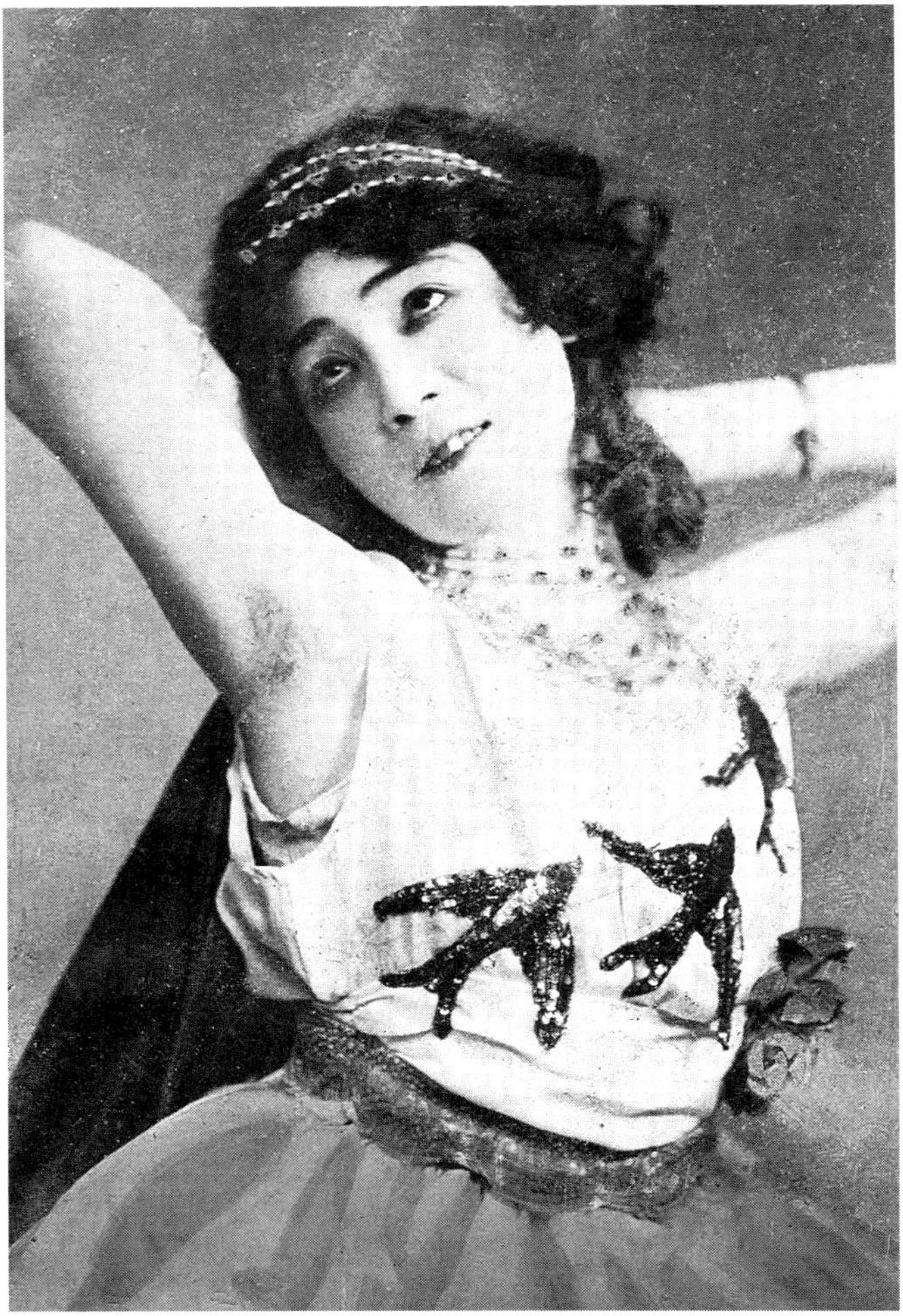
腋の下を強調した煽情的なポーズをとる徳子。1917年（大正6）頃撮影。

時代に翻弄された生涯

高木徳子は東京府出身で、15歳のときに神田の宝石商だった高木陳平と結婚し渡米を果たすと、現地では日本手品などを披露しながら芸人生活を行い、バレエやトーダンス*を修得。スネークダンスを得意としていた。1915年（大正4）年には帝国劇場において帰朝公演を行い本邦初のトーダンスを披露し、舞踊家として華々しい道を歩むと思われていた矢先、マネージャーであり興行師であった夫と繰り広げた泥沼離婚劇がメディアで大々的に報じられ、スキャンダル女優のレッテルを貼られた。

1917年（大正6）に浅草六区の常盤座で上演した「女軍出征」（伊庭孝作）が爆発的人気を博し、以後花開く浅草オペラ文化の幕開けとなった。その後トラブルが重なったことから日本各地を転々とし、夫との離婚が認められて永井徳子として改名披露公演中の1919年（大正8）3月、興行先の福岡県において心臓麻痺で死去。28歳という若さであった。

＊トーダンス＝バレエを基本として、より高度なテクニックが必要な舞踊。高木徳子が日本に持ち込んで以来、大正期には多くの舞踊家がトーダンスに取り組んだ。

◉ 白い羽根を飾った派手な帽子をかぶった徳子。アメリカナイズされたチャーミングな舞台姿は多くの女性に勇気を与えた。1915年（大正4）頃撮影。

◉ 帰国当時、自信に満ちあふれた笑顔でポーズを決める高木徳子。舞台に立つ一方で多くの優秀な弟子を育成した。1915年（大正4）撮影。

◉ 京都明治座で公演された現代劇「女の力」で女優のルブール役を演じる徳子。1918年（大正7）撮影。

高木徳子［たかぎ・とくこ］

1891年（明治24）～1919年（大正8）。東京府出身。若くして結婚し1906年（明治39）渡米。現地でバレエやトーダンスを修得し、1915年（大正4）には日本初のトーダンサーとして華々しく帰朝公演を行ったが、夫との泥沼離婚劇、興行トラブルなどのスキャンダルにまみれ、1919年（大正8）、28歳でこの世を去った。

封建時代の妻への教え

古くから教え込まれてきた女性の心得が、昭和戦前期まで長く日本人に浸透してきた。江戸年間に刊行され近代まで愛読された『女実話教』には「夫はたとへば主君のごとし女はなほ従者のごとし」「嫁として孝の心なきは鳥獣にことならず」「面は菩薩に似たりといへ共心は夜叉の如しと説給ふ」と、今では信じられないほどの女性差別、根強い男尊女卑を示す言葉が記されており、驚きを隠すことができない。

◉浅草オペラの幕開けとなった歌舞劇「女軍出征」初演時の舞台写真。後列左にひときわ輝いているのが徳子で、帝劇出身者、徳子の弟子で結成されたユニット・五徳など。1917年（大正6）撮影。

◆浅草オペラの母

帝劇歌劇部の教師ローシーと決別した徳子は1916年（大正5）に初めて浅草に出演したが、翌1917年（大正6）に浅草の常盤座で上演した歌舞劇「女軍出征」が空前の大ヒットを記録。上演中の劇場内は観客であふれかえり、入れ替えの際には混乱を最小限に抑えるために天井から吊るした丸太に観客を乗せて、楽屋口から帰したという逸話も残っている。

「女軍出征」は徳子の死後も浅草オペラの当たり狂言となって長く上演され、徳子が演じたフランス女軍士官役を演じることが歌劇女優のステータスになっていたという。

◉徳子の死後間もなく、元夫によって刊行された『狂死せる高木徳子の一生』の表紙。当時の芸能界のしきたりに苦しめられた生涯だった。1919年（大正8）発行。

◆戦前にもあったゴシップ文化

戦前というお堅い時代にもゴシップ文化があったの？　と疑問に思われるかと思うが、実際には現在とはまた異質のゴシップ文化が庶民の楽しみとして浸透していた。明治時代そのゴシップ文化の中心であったのが人気芸者の噂で、花柳界のゴシップを含む情報誌『いろ』が刊行され、1913年（大正2）には嘘か本当かわからないような見出しが並ぶ一大ゴシップ雑誌『うきよ』が創刊。芸者、女優、活動弁士、巷の不良少女、娼妓の噂話、潜入記などが紙面を賑わしている。1925年（大正14）には『夜の東京』が創刊され、よりエロ味とモダン味を含んだ内容が人気を呼んだ。

コラム

大正時代の夢のパラダイス

浅草六区

多くの人々が行き交う浅草六区。浅草が最も良かった時代と語る人は多い。大正初期撮影。

いま浅草といえば何を連想するだろうか？

浅草寺、雷門、近くに見えるスカイツリー、着物姿の女性、人力車の車夫などなど……どこか江戸情緒を感じさせる雰囲気が街並みを包み込んでいる、典型的な観光地である。

そんな浅草の中心地である浅草寺からほど近い区画に、浅草六区は今も存在する。

娯楽街や歓楽街が少なかった明治から昭和30年代、音楽、映画、舞台など、芸能文化のすべてが集結していたのが浅草六区興行街であった。

明治時代初期、浅草は公園に指定されたことで一区から七区までに区分けされ、それまで浅草寺の境内に集まっていた見世物小屋を移行したのが浅草六区興行街のはじまりであった。

浅草に集まった芸能

明治中期から本格的な興行が行われるようになると、女義太夫《ぎだゆう》、浪花節、新派、女道楽、歌舞伎、落語、玉乗りなどが人気を集めるようになり、明治後期から大正初期にかけては川上貞奴や松井須磨子、松旭斎天勝らスーパースターも出演。活動写真館も軒を連ねて、活動弁士たちは時代の花形となり存在感を放った。

大正中期には高木徳子によって浅草オペラの隆盛時代が到来し、日本におけるオペラ、オペレッタ、ミュージカル、モダンダンスの基礎を築き上げ、田谷《たや》力三《りきぞう》やのちに世界で活躍する藤原義江、原信子などのオペラ歌手を輩出した。

1928年（昭和3）に松竹楽劇部（のちの松竹少女歌劇団）が創設されると、宝塚少女歌劇団に勝るとも劣らない絢爛豪華なレビューの舞台を展開し、ターキーこと水の江瀧子が男装の麗人として颯爽と登場。同じ時期には浅草オペラ出身の二村定一《ふたむらていいち》、榎本健一《えのもとけんいち》がスターとして登場し、舞台に映画にレコードにと、日本を代表するエンターテナーとしてその名を刻み、そしてその好敵手として現れたのが良家出身の古川ロッパであった。古川ロッパ一座からは清川虹子、三益愛子などの人気女優が登場し、喜劇女優の地位が確立されることになる。

◆浅草オペラの全盛時代、人気絶頂のモリノのプロマイドは飛ぶように売れ、ペラゴロたちの机上を飾った。この写真はモリノ本人が気に入っており、実妹に贈ったもの。1918年（大正7）頃撮影。

浅草オペラが生んだ悲劇のバレリーナ

澤モリノ

これぞ浅草オペラの女王！

澤モリノは1889年（明治22）、群馬県の出身。多くの資料でアメリカ出身とされているのはモリノのエキゾティックなイメージを築き上げるための詐称《さしょう》であった（遺族談）。父・深澤登代吉は東京音楽学校の前身である音楽取調《とりしらべ》掛《がかり》の卒業生として西洋音楽の普及に携わった草分け的人物。裕福な家庭で少女時代をすごし、東京女子高等師範学校を卒業したという当時としては超エリートの道を歩み、1911年（明治44）に創設された帝国劇場歌劇部には学校の教員になる一環として入部したとされている。

しかしモリノのバレエの才能には入部当初から光るものがあり、2期生から1期生へ編入。当時、澤美千代と名乗っていたが、教師のローシーは「モリノ」という名を与え賞賛した。1917年（大正6）1月には高木徳子一座が上演した「女軍出征」に出演、同年10月には石井《いしい》漠《ばく》とともに東京歌劇座を旗揚げし浅草オペラの中心的人物として常に注目を浴びる存在となった。

スターの悲劇的末路

高木徳子なき浅草オペラ界では女流舞踊家の第一人者となって、モダンダンスの開祖・石井漠とともに舞踊界を牽引していたが、ヴァイオリニストだった夫の死、石井漠とのコンビ解散、関東大震災などの苦難が重なると、モリノは一座の若い俳優と浮名を流すようになった。

昭和に入るとかつての仲間たちは

1923年（大正12）に京都で旗揚げした澤モリノ一座には、若かりし頃のかの名女優・浦辺粂子が参加している。モリノの当たり役「王女メロ」の一場面。1920年（大正9）頃撮影。

小柄で軽快なダンスが特徴的で、声楽にも素養があった。またチャーミングな人柄だったといわれている。1918年（大正7）頃撮影。

全盛期のモリノ、無表情になることでよりエキゾティックな雰囲気を高めている。1918年（大正7）頃撮影。

澤モリノ［さわ・もりの］

1889年（明治22）～1933年（昭和8）。群馬県出身。作曲家・深澤登代吉を父にもち、東京女子高等師範学校を卒業。1911年（明治44）に帝国劇場歌劇部に入部し澤美千代を名乗るも、舞踊家として抜群のセンスが認められ、教師ローシーから澤モリノの名を授かる。その後、浅草オペラ隆盛の中核として大きな足跡を残したが、1933年（昭和8）興行先の朝鮮で客死した。

各界の名士となって活躍を続けていたが、モリノは昔の栄光を忘れることや、流浪の楽屋生活から抜け出すことができずにいた。そんな1933年（昭和8）、昔の恋人にそそのかされて満洲・朝鮮興行の旅に出たが観客の不入りが続き、やっとたどり着いた朝鮮・平壌《へいじょう》において客死《きゃくし》する。享年44歳であった。

浅草オペラの料金

今まで帝劇や赤坂で高額だったオペラが、浅草に進出（当時の意識としては「堕落」）して隆盛を極めた大きな要因のひとつに、安価で観劇できたことがあげられるのだが、具体的にどのくらいの差があったのだろうか？

大正初期の帝劇入場料の通常最高額が2円20銭だったとき、「女軍出征」が上演された浅草の常盤座では通常席が10銭、特別席が20銭という値段であった。さらには日本歌劇協会が出演した三友館では入場料5銭という滅法界な安価を売りにしており、話題のオペラが安価で観られるという話にノらないテはなかったのである。

絢爛豪華に花開いた
浅草オペラの歌姫たち

1919年（大正8）新星歌舞劇団に在籍していたとき、夫の藤原義江（当時は戸山英二郎）と「恋はやさし野辺の花よ」のデュエットをレコードに残した。1921年（大正10）頃撮影。

安藤文子［あんどう・ふみこ］

1895年（明治28）〜没年不詳。東京府出身。ソプラノ歌手。東京音楽学校声楽科を卒業後、帝劇洋劇部の教師を経て、赤坂ローヤル館のプリマドンナとして舞台に立つ。その後は七声歌劇団、新星歌舞劇団、根岸歌劇団など一流歌劇団の幹部女優として絶対的な存在感を放った。藤原義江の一番最初の夫人であったが、藤原の渡欧をきっかけに離婚。1924年（大正13）には引退している。

夫の清水金太郎とともに浅草オペラを支えた大女優。美貌のみならず演技と歌唱力の高さにも定評があった。1919年（大正8）頃撮影。

清水静子［しみず・しずこ］

1896年（明治29）〜1973年（昭和48）。東京府出身。帝国劇場歌劇部の出身で当初は春日桂と名乗っていたが、教師ローシーの媒酌でバリトン歌手の清水金太郎と結婚したことによって清水静子と改名。1918年（大正7）には夫とともに浅草に進出し、多くのオペラで主役を演じた。後年は三浦環楽劇団の教師として指導に当たった。

浅草でオペラの華が開くと、帝劇歌劇部の解散によってちりぢりになっていた修了生たちが集結。それまで浅草といえば大衆演芸の聖地として名高かっただけに、浅草に出演することになった音楽学校出身者たちは楽壇から抹殺された。

しかし「大衆に愛される音楽に携わるのがなぜ悪い！」と使命感に燃えて、大衆の街・浅草でオペラを歌い続けた。それまで庶民に手の届きづらかったオペラが安価で楽しめるようになったことで、さらに浅草オペラの人気は爆発。浅草オペラの人気は「ペラゴロ」という、熱狂的なファンを生み出し、『鮫人《こうじん》』（谷崎潤一郎）、『浅草の灯』（濱本浩）、『十二階崩壊』（今東光）など多くの文学作品の下地となった。

1919年（大正8）頃を絶頂期として個性豊かなオペラ歌手たちが艶を競い、日本オペラ界のレジェンドとなった。

◉昭和に入ってからはジャズ歌手として活躍した。1923年（大正12）頃撮影。

井上起久子［いのうえ・きくこ］

1892年（明治25）〜没年不詳。帝劇歌劇部出身。原信子歌劇団、旭歌劇座、楽劇座などで活躍。浅草オペラでは三枚目役を得意とする一方、弟子の育成には定評があった。

◉帝劇歌劇部時代には石神たかねを名乗っていた。1935年（昭和10）頃撮影。

南部たかね［なんぶ・たかね］

1896年（明治29）〜没年不詳。帝劇歌劇部の出身で、同期の南部邦彦と結婚。地方公演を中心に活動し、松旭斎天勝一座歌劇部の主任として長く一座で活躍した。

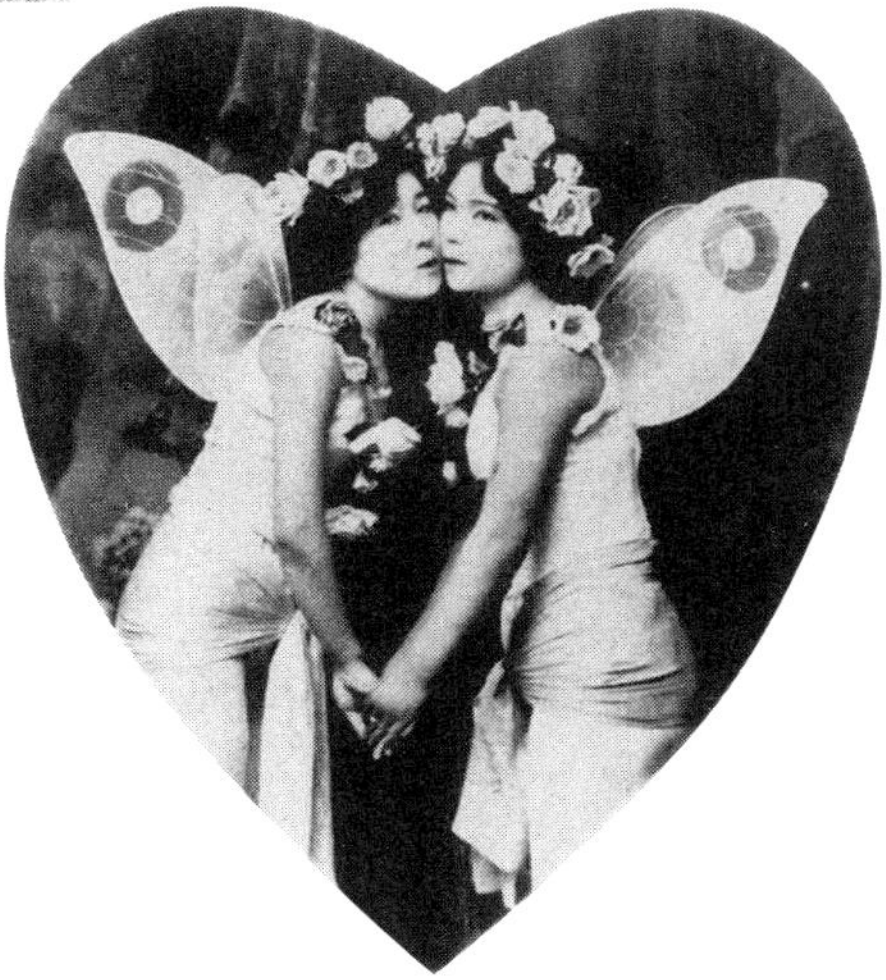

左◉妖精を意識した大正ロマン色濃い1枚。1914年（大正3）頃撮影。
右◉オペラからジャズまで、常に音楽の最先端をいく女王的存在であった。

花房静子［はなぶさ・しずこ］

1893年（明治26）〜没年不詳。白木屋少女音楽隊から帝劇歌劇部に入部。その後、岸田辰弥とともに有楽座のお伽歌劇などに出演。浅草に出演しないことを信条にしていた。夫は映画俳優の正邦宏。

天野喜久代［あまの・きくよ］

1897年（明治30）〜1945年（昭和20）。帝劇歌劇部に在籍中から脚光を浴び、浅草オペラでも一流歌劇団の幹部女優として活躍し、大正後期からは日本に輸入されたばかりのジャズを歌い人気を集めた。

浅草オペラのヲタク「ペラゴロ」

1980年代アイドルには親衛隊、現在のアイドルにはヲタクが存在し熱烈な応援合戦を繰り広げているが、大正時代の浅草オペラにもやはり「ペラゴロ」といわれたファンが存在した。ペラゴロはどんなことをしてアピールしたのか？

劇場での声援、好きなアイドルの名前を染め抜いた幟の寄進、アイドルの護身などなど、ヲタクや親衛隊と何ら変わりはない。

しかし学校をサボって劇場に通うペラゴロたちは社会問題となり検挙されたこともあった。サトウハチロー、今東光、川端康成、宮沢賢治、宇野浩二などの作家たちはかつてペラゴロであったことから、大正の文学青年の青春の1ページとして大きく存在していたことがわかる。

❶

❷

❸

コラム

気になる100年前の女優生活を覗き見る

女優が時代の寵児《ちょうじ》と躍進する一方で、偏見が根強かった大正時代。女優たちがどんな生活を送っていたのか、当時の演芸雑誌のなかからオペラ女優の生活を例にして抜粋してご紹介したい。多少面白く脚色されている感は拭えないが、女優への偏見的視点、芸人への差別などいろいろな時代感がリアルに浮かび上がってくる。大正時代の女優生活とはどんなものだったのだろうか？

❶午前12時　楽屋入り

女工にしては服装がよく、活動の女給にしては白粉の塗りが厚く、といって淪落《りんらく》の女とも見えず、堅気《かたぎ》のお嬢さんとはなおさら受け取れないというのがオペラ女優の姿。

寝不足を目に語らせ、寝相の悪さをもつれた髪に現し、「割引電車は時間が早いんでネ」といった顔で、テクテクとお徒歩になる。

そうかと思うと、またなかには、妾《わたくし》なんかこんなボロ電車のお尻を嗅ぎながらテクルようなそんな安っぽいんぢゃアないんだけれど、餓鬼《がき》道《どう》に落ちた色魔達の功徳《くどく》のために拝ませてやるのでさあといわんばかりの権幕《けんまく》で、外股《そとまた》にドシドシと歩っていくのもある。それがオペラ女優の楽屋入り。

❷午後1時　扮装

朝夕見なれた自分の顔をためつすがめつ穴のあくほどよォく見た挙句に、カタトロを掌で悠々と顔を拵《こしら》えにかかる。閑な役者や楽屋鳶《とび》が遊び

❹

❺

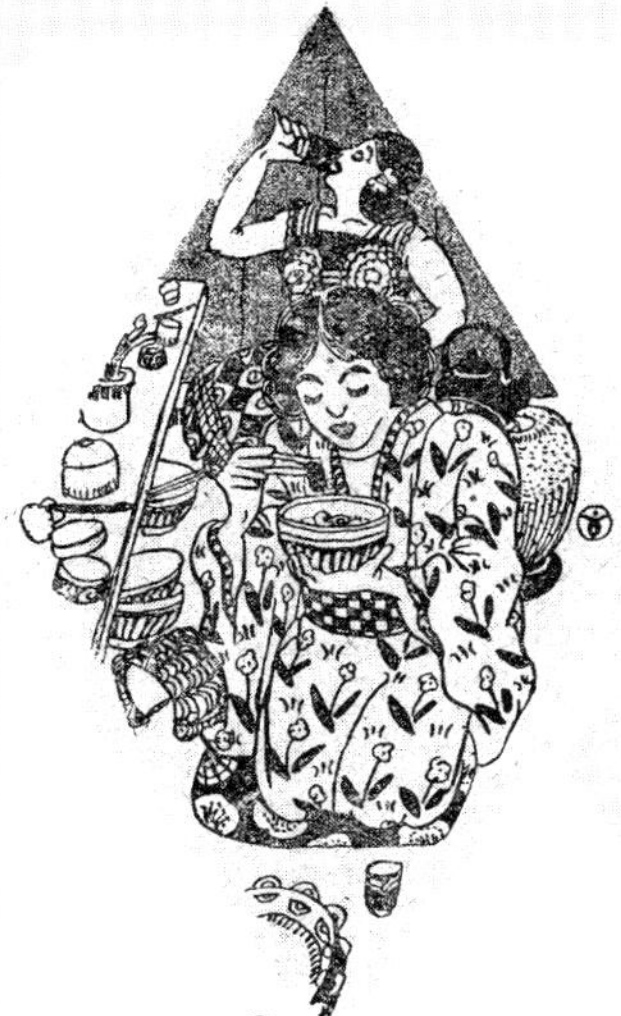

❻

に来ては、その周囲を取り巻いてワイワイと無駄口を叩く。

「役者の顔は画家のカンバスだネ、役者は自分の顔に思い思いの色彩を施しては美人にもし、勇士にもし、そして芸術化する」

❸午後2時　舞台裏

馬子にも衣装髪かたち、顔を作って衣装着て、先刻までのお茶っぴい姉ちゃんも、貴婦人や皇女になりすまし、梯子を降りてゾロゾロと舞台裏の溜まりに出てきて集まると、男優なら煙草を吹かすのを、女優諸嬢ポケットから何か出しては口を動かし始める。天の女神が蜜柑を剝いたり、姫君が乞食からキャラメルをもらったりして賑やかなこと。

❹午後3時　舞台

幕は上がって開演となり女優諸嬢妙技を揮う。舞台が命の女優、殊には舞台は戦場という例えもある位だから、熱心になって芸術とやらの為に奮闘するかと思いきや、生命だから暢気に、戦場だけに余裕を示すご了見かは知らないが、女優さん達決して身にしみて芸はやらない。（略）変な目つきをして浮気の種を四方へまき散らしたり、悲劇の最中に舞台浮気の連中と顔を見合わせて笑ったり。

❺午後4時　幕開きの合唱

幕が降りて楽屋でひと休みしてホッとしてお汁粉を食べていると「秀子さんコーラスだワよ」「オヤオヤ、またコーラス、お汁粉に氷や張っ了うワ」と渋々立って、相部屋の女優と一緒に幕開きに唄うコーラスに狩り出され、煎餅を噛りながら舞台横へ行き、幕切れに出る連中やなんかと一緒になって声を張り上げる。

❻午後5時　夕飯

同じ女優でもピンからキリまであって一様にはいわれないが、大抵はこの時刻が昼と晩との合いの子御飯時。（略）一杯金十何銭のちらし

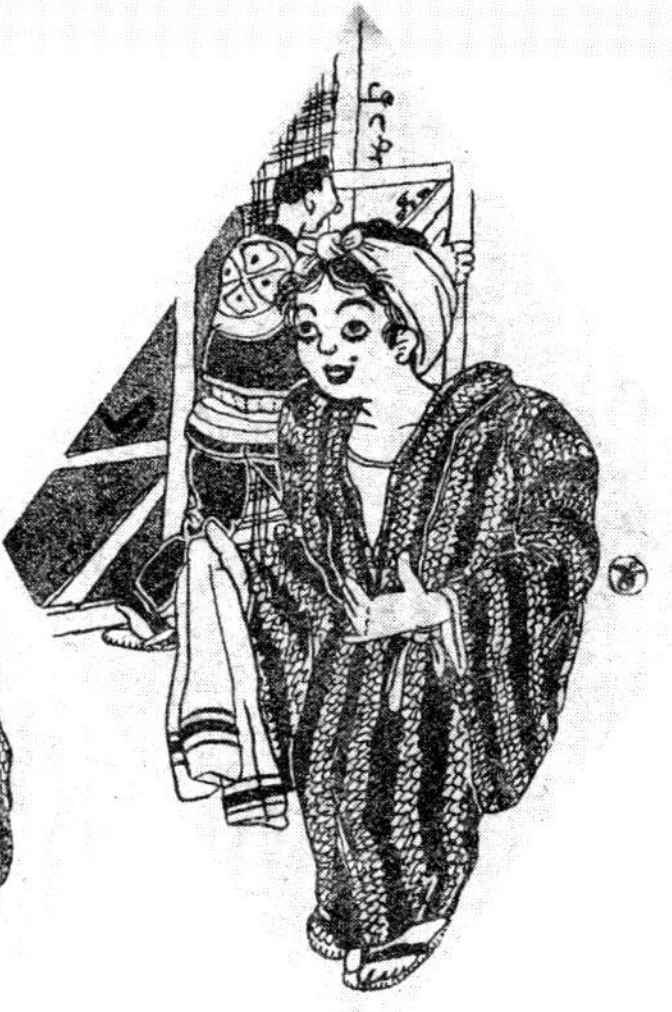

❼

❽

❾

鮨の御注文、さっぱりしていいとは丼か金か、それを言っちゃァ野暮、楽屋備え付けの陶器火鉢にかかった、所々に赤錆の出たブリキのゆわかしから、ぬるウいお湯を湯呑みについぢゃァガブガブ。

❼午後6時　楽屋風呂

頭に手拭を結い付けたのは髪を濡らさぬ用心。妙に抜衣紋《ぬきえもん》なのは白粉《おしろい》を着物につけまいため、伊達巻《だてまき》も締めない細帯一本なのは動作を敏活にして時間を経済にする故からと、聞けば新時代の女優だけあって物事はすべて理詰め。で御無理にしてしかも御尤千万《ごもっともせんばん》。

❽午後7時　交番掲示板

「交番掲示板」と赤い札のブラさがった下に、次興行の役割が発表になる。それも碁盤目の表でなく、番附風に狂言と役割がひとつずつ別の紙に書いて張り出されると女優さん達その「交番掲示板」の下に集まっては姫君の役が付いて喜ぶやら、乞食婆が振られてしょげるやら。（略）旧派のように役揉めこそなければ、女だけの不平不満の叫びはある。

❾午後8時　写真

「義太夫の堂摺《どうす》る連《れん》廃って、オペラ女優後援会起る」と新聞に書いてあったが、ことほど左様《さよう》にオペラ時の人気たるや仰山なもので、花形女優になると憧憬者から来る手紙の日に五、六通は珍しくもないという有様。（略）されば女優の絵はがきもさかんに売れて、中学生の教科書の栞《しおり》となり、会社員の机を飾る豪勢さ、甚だしい男になると、女給に頼んで女優の部屋に買いにやる。「澄子さん、写真を売ってもらいたいってお金をよこしましたよ」「そう、またかえ、お前さんも知ってのとおり、この間から、妾はお断り続けで、いくらいってきてもありゃァしません（略）」

「是非あなたの手から戴きたいんだそうです、売店で売っているのでは仕方ないといいましたよ」と、これ

❿

⓫

⓬

を聞いたその女優、どうですわたしの人気はといわぬばかりに空嘯《うそぶ》いて、納まりかえったが、惜しいことには鼻が低い。

❿午後9時　面会

特等席に納まった学生風の当世男。女給《じょきゅう》の溜まりに行って女給に何やらささやくと、その女給は楽屋口に消え、ほどなく出てきてその男に何かいうと男はニヤニヤと笑いながらもとの席に帰ってソワソワしていて待つが、ほどもなく、いつの間に汚い楽屋着を外出着に着替え、乙《おつ》うすました女優が現れ、女給に教えられて男の後ろから「今晩わ、お独り、先夜は大変失礼しました」とシナを作って傍に寄る。

⓫午後10時　稽古

1日の舞台労働に身体を疲らし、家へ帰ってゆっくり手足を伸ばしたい所を、閉場ってからの舞台稽古、電車のなくなること珍しからずと来ては厭《いや》にもなろう。その上、ガランとして薄ら寒い風の吹く暗い観覧席の前、火の気のない舞台の上で、怖い監督者の「先生」に睨められながら、「一ィ二ィ三ィ四ィ」と何遍も繰り返すんだもの、大抵ゲッソリもしよう。

⓬午後11時　招待

古い言葉でいうと贔屓《ひいき》、新しい言葉でいうなら後援者に招待されて行くカッフェ。これは立派な「お座敷」。知らず女優さん達もまた「お座敷」というかどうか。こうして招待されるがままに、電気眩ゆきカッフェの一隅、憧憬者の若い男に取り巻かれて、女王の如くに振る舞って、ビイルの泡に若き日の歓喜を微笑んでは芸術を論ずるときが、オペラ女優としての誇りを最も痛切に感ずる時であろうか。

（雑誌『花形』1919年3月号所収「浅草情調　オペラ女優十二刻」吉岡鳥平より抜粋）

謎のベールに包まれた
元祖セクシー女優
河合澄子

川端康成をも魅了

「やっぱり河合澄子は美しい。あやしげな幻の、病的の世界に私を導かずにおかない」これは川端康成が学生時代に記した日記の一部である。かの文豪を魅了した河合澄子とはどんな人物だったのだろうか？

河合澄子は1893年（明治26）東京府生まれ、立教女学校を2年で中退、のちに有楽座女優劇で初舞台を踏んだとされているが判然としない。ローシー歌劇団、高木徳子ダンシングスクールなどを転々とし、1917年（大正6）に旗揚げされた東京歌劇座に入座。

色っぽいパフォーマンス

それまでその名も知られぬ無名女優だったのが一転、舞台からピンク色の名刺をばら撒いたり、色っぽい派手なアピールが男性たちを悩殺したことによって、浅草オペラの隆盛

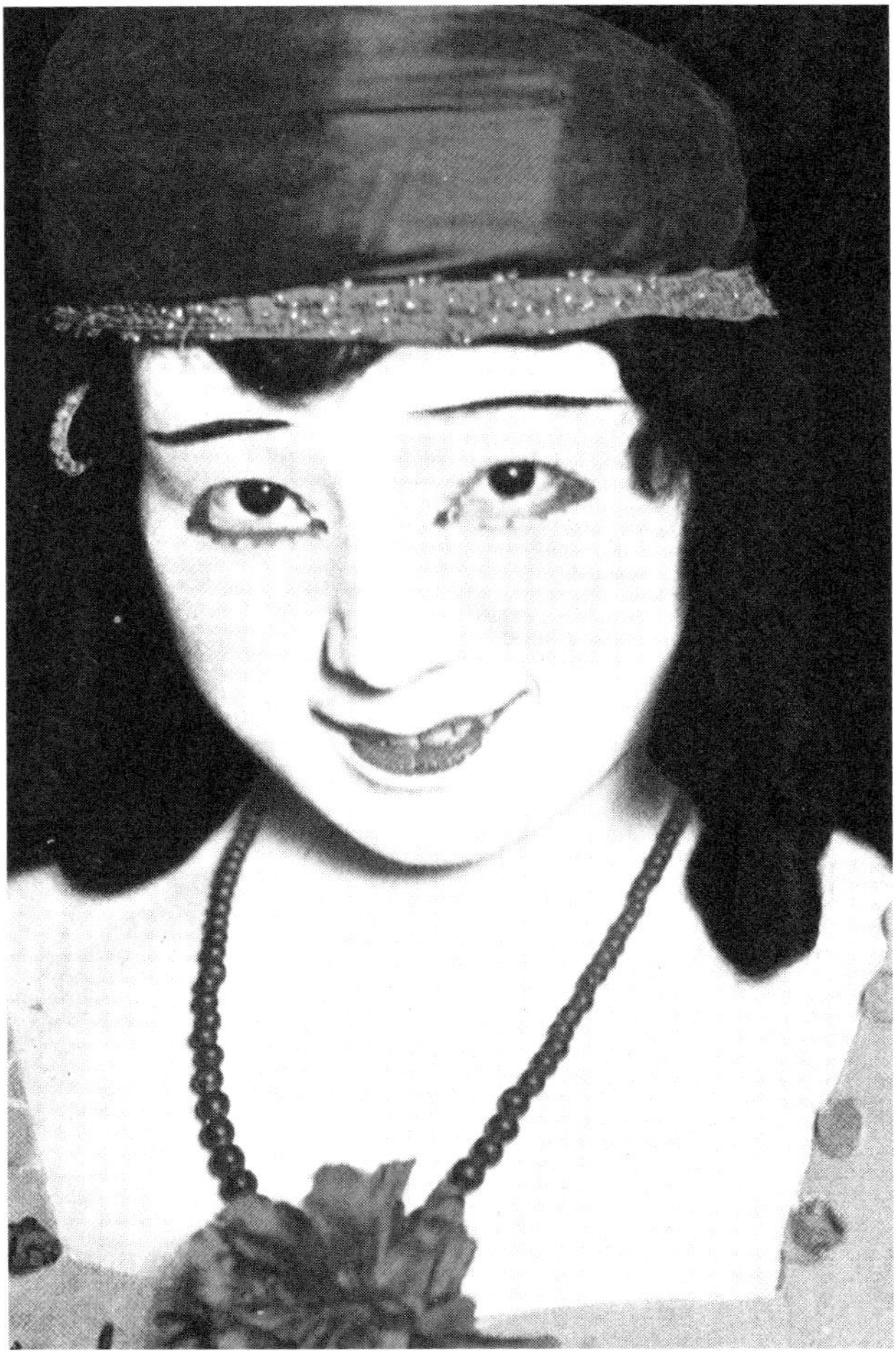

● 独特の舞台化粧に上目遣いが印象的な1枚。常に話題を振りまく存在であった。1921年（大正10）頃撮影。

河合澄子［かわい・すみこ］

1893年（明治26）～没年不詳。東京府出身。ローシー歌劇団、高木徳子門下を経て、1917年（大正6）に参加した東京歌劇座でスターとなる。そのエロティックな肢体とパフォーマンスで多くの男性ファンを悩殺。風紀を乱すという理由から出演禁止処分をたびたび受けたが、したたかに芸能界を生き抜いた。

を担う大スターとなった。しかしそのパフォーマンスは風紀を乱すということから、彼女が出演する作品の上演禁止処分、最終的には浅草から追放され横浜や地方を中心に活動せざるをえない時期もあった。

オペラの衰退後も「エロレビューの女王」として君臨し、浅草で存在感を放つ特異な女優として名を馳せた。

浅草オペラのプログラム

浅草オペラの公演が行われていた芝居小屋では、たとえばグランドオペラ「カルメン」の上演！と銘打っていても、メインのグランドオペラのみの上演にとどまらず、ひとつの公演で「お伽歌劇」「新舞踊」「独唱」「寸劇」などが交互に上演されたうえでグランドオペラも行われるという、かなり盛りだくさんな内容であった。

しかもこのボリューミーな公演が基本的に1日2回、さらに観物場条例規則によって10日ごとに番組を変更しなければならなかったので、公演後に稽古が行われるという、出演者にとっては過酷すぎる労働であった。石井漠の回想によれば1922年（大正11）の正月には1日8回という驚異的な公演をこなしたという。

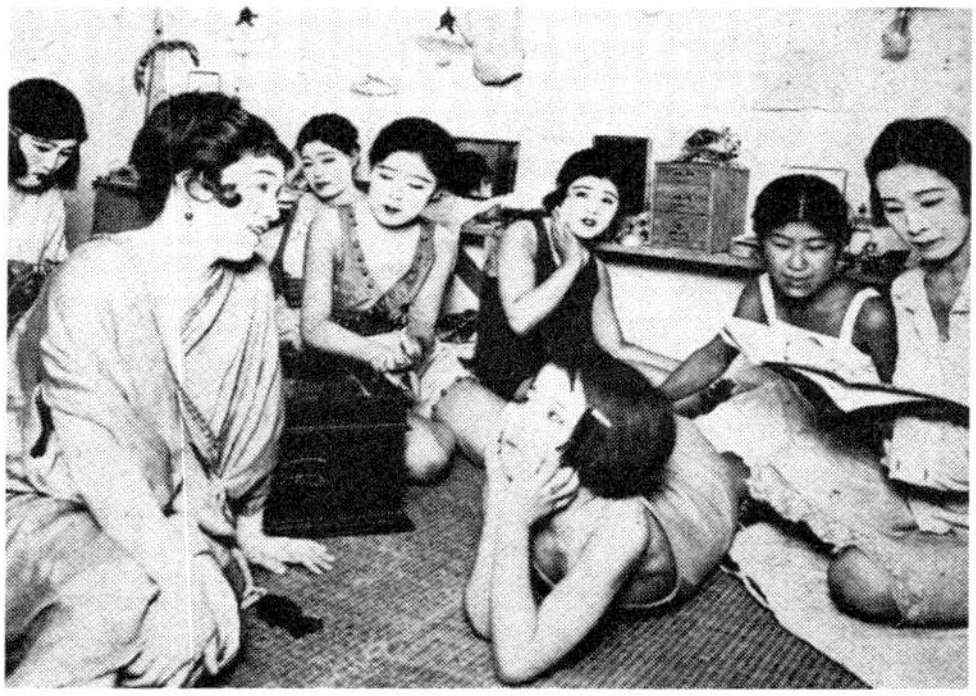

1930年（昭和5）に撮影された、河合澄子舞踊団の楽屋風景。このような写真が男性たちの想像を掻き立てた。

浅草日本館にエロの女王として返り咲いた際の1枚。多くの男性を悩殺し、センセーションを巻き起こした。1930年（昭和5）撮影。

昭和初期のエログロナンセンス時代、河合澄子舞踊団を旗揚げしてエロ文化の中心的存在として活躍。「全身生殖器」とも揶揄されている。1930年（昭和5）撮影。

浅草を愛し、地元から愛された大物女優
木村時子

当たり役「おてくさん」の扮装で。浅草オペラ界でもひときわ華やかな存在であった。1922年（大正11）頃撮影。

約100年という時代の隔たりを感じさせない木村時子の舞台姿。1921年（大正10）頃撮影。

「浅草の女王」と呼ばれて

木村時子は1896年（明治29）生まれ、宮城県仙台市の出身。地元の女学校を卒業し、上京後に帝国劇場洋劇部の3期生として喜歌劇「ボッカチオ」で初舞台を踏むが、間もなく解散となったため、松井須磨子の芸術座に入座。須磨子のもとで演技を学び、1917年（大正6）には東京歌劇座に入座し、浅草オペラ女優としての道を歩むことになる。

恋多き女優

浅草オペラでは常に主役級として演技、歌、ダンスとなんでも器用にこなして、気さくな人柄は多くの仲間に愛されたが、恋多き女としても知られ、飛行家・小栗常太郎、波多野房吉、活動弁士の生駒《いこま》雷遊《らいゆう》などと派手な浮名を流した。

昭和に入ってからは河合澄子と「エロ合戦」を繰り広げるも、しだ

流行していたジャズ「愛の古巣」をモチーフに上演された、金龍レビュー団「愛の古巣」の舞台写真。主役の酋長の娘役を演じた木村時子。1932年（昭和7）撮影。

喜歌劇「新婚旅行」に出演した際に撮影された全盛期のプロマイド。1921年（大正10）頃撮影。

ミナミ歌劇団在籍時に演じた「カルメン」の楽屋ショット。ちょっとした表情が様になっている1枚。1921年（大正10）撮影。

木村時子［きむら・ときこ］

1896年(明治29)～1962年(昭和37)。帝国劇場洋劇部の出身。新劇女優として松井須磨子の教えを受けた経験を持ち、1917年（大正6）に浅草デビュー。以後、浅草オペラの中心的女優として東京歌劇座、根岸歌劇団などで活躍し、「浅草の女王」と称された。

いに引き立て役にまわるようになって、清水金一が率いる国民喜劇座を支えた。戦後は浅草出身の文化人が集う「浅草の会」の事務局としてリーダーシップを発揮した。

浅草にあった劇場は劇場ではなかった!?

実は浅草オペラの公演が行われていた場所は劇場ではなかったのである。それではどこで上演されたのか？　と疑問に思われるかと思うが、消防法などを加味した「劇場」という条件を満たしていない、「観物場《かんぶつじょう》」だったのである。

意識として劇場と観物場の差は大きなもので、1922年（大正11）には浅草唯一のオペラ常設館だった金龍館は「劇場」にすべく改装。しかし見づらいなどの理由から観客には不評であったが、翌年の関東大震災で焼け落ちるという不運をたどった。

みんな熱狂した元祖・アイドル集団！

少女歌劇の花形たち

◆いつの時代も憧れの的

大正時代は日本国中に「少女歌劇ブーム」が巻き起こっていた時代で、その様子は現在のＡＫＢ48を中心としたアイドルブームと重なる部分が非常に多いのが特徴である。

日本で初めての少女歌劇といわれているのが、１９０８年（明治41）に白木屋呉服店の子ども用品売り場の余興として誕生した白木屋少女音楽隊であった。その影響を受けて百貨店での少年音楽隊や、１９１３年（大正２）には宝塚唱歌隊（のちの宝塚少女歌劇団）が相次いで結成されたが、１９１８年（大正７）には浅草でも宝塚の人気に対抗すべくアサヒ歌劇座（のちに旭少女歌劇団→東京少女歌劇団と改称）が旗揚げされると、浅草オペラ

◉娘に「江利チエミ」という芸名を名付けたのは谷崎歳子であった。1923年（大正 12）撮影。

谷崎歳子［たにざき・としこ］

1904年（明治37）～1951年（昭和26）。東京府出身。1918年（大正7）に旭少女歌劇団に入団。三枚目を得意として、一條久子なき後期の東京少女歌劇団を支えた大スター。1925年（大正14）に退団後は吉本興行専属の喜劇女優として活躍した。なんと歌手でタレント江利チエミ（1937～1982）の実母である。

◉「チャボ」の愛称で親しまれ、少女歌劇全盛時代を牽引した大スター。16歳での早世が惜しまれる。1918年（大正 7）頃撮影。

一條久子［いちじょう・ひさこ］

1904年（明治37）～1920年（大正9）。山梨県出身。1917年（大正6）日本歌劇協会の舞台でデビューし、アサヒ歌劇座を代表するスター。愛称はチャボ。演技力の高さ、人柄の良さから多くの仲間やファンに愛され、数々の舞台で主役を演じたが、1920年（大正9）16歳にして鉛毒で死亡。多くのオペラファンが悲しみに暮れた。

でも屈指の大劇団として多くのスターを輩出。

　アサヒ歌劇座には一條久子、白川澄子、明石須磨子、松山浪子、千種百代、田中壽々子、谷崎歳子などの少女スターが在籍し、演劇、ダンス、お伽歌劇など賑やかな舞台を繰り広げた。

アサヒ歌劇座の美貌スター NO.1 であった明石須磨子（1900～ 1977）。のちに根岸歌劇団、森歌劇団など一流歌劇団で活躍した。1931 年（昭和 6）撮影。

一條久子とともに二枚看板として人気を集めた白川澄子（1900 年［明治 33］～没年不詳）。竹久夢二のモデルをしていたともいわれている。1921 年（大正 10）頃撮影。

アサヒ歌劇座が東京少女歌劇団と改称した時代の舞台写真。東京少女歌劇団では歴史作品をオペラ化した「史歌劇」を主に上演して人気を集めた。左端が谷崎歳子。1921年（大正10）頃撮影。

大発見！　日本初の少女歌劇・白木屋少女音楽隊「浮かれ達磨」の上演写真。玩具売り場の余興として結成された白木屋少女音楽隊では、少女たちによる楽器演奏のほか子ども向けオペラ（お伽歌劇）を上演。この成功が新たな文化の幕開けとなった。

浅草オペラ人気投票

1919年（大正8）春に浅草オペラ界初の人気投票が雑誌『オペラ』によって行われ、同年5月号で結果が発表された。以後、数か月に1回という頻度で行われて、ファンや俳優たちにとってはドキドキのイベントとなった。

以下が第1回人気投票の結果である。

1位 田谷力三／2位 一條久子／3位 白川澄子／4位 明石須磨子／5位 澤モリノ／6位 石井漠／7位 岡村文子／8位 岩間百合子／9位 石井小浪／10位 上野一枝

回を重ねるうちに男女別にランキングされるようになるが、基本的に田谷力三は上位に食い込んで常に存在感を放っていた。

創立2年目の宝塚少女歌劇団が上演した歌劇「ヴェニスの夕」（西本朝春作）の舞台写真。1期生によって演じられており、中央は宝塚最初の男役トップスター・高峰妙子。1916年（大正5）撮影。

大阪の芸妓だけで結成され、大変な人気を集めた河合ダンス。アクロバットダンスにいち早く取り組み、東京でもたびたび公演を行った。1923年（大正12）頃撮影。

大阪千日前にあった複合レジャー施設・楽天地に出演していた浪華少女歌劇団。京都新京極の相生劇場で「白鳥姫」を上演した際の舞台写真。1923年（大正12）頃撮影。

1910年代の少女音楽隊流行の影響を受けて、少年音楽隊も続々と結成された。写真は名古屋髙島屋少年音楽隊。1915年（大正4）頃撮影。

◆少女歌劇ブーム全国へ！

この浅草派である旭少女歌劇団のさらなる成功によって日本各地に少女歌劇ブームが巻き起こり、とくに大阪では浦辺《うらべ》粂子《くめこ》が静浦千鳥の名で在籍した浪華少女歌劇団、田中絹代が初舞台を踏み琵琶《びわ》の音色に乗せてお伽歌劇を演じる琵琶少女歌劇団、浅草オペラの脚本家であった獏与太《ばくよた》平《へい》が指導者として参加した広島の羽田別荘芸妓歌劇団、大濱少女歌劇団、大阪の芸妓によって結成された河合ダンスなどなどが、それぞれのカラーで人気を獲得した。

お伽歌劇とは？

お伽歌劇を現代的に訳すと「童謡オペラ」。明治後期、北村季晴によって制作された「ドンブラコ」（桃太郎）がその嚆矢《こうし》とされており、その後本居長世作「浮かれ達磨」、佐々紅華作「目無し達磨」などがレコードや楽譜で発売され児童教育の一環として学芸会などで広く上演されるようになった。

一方、少女歌劇や浅草オペラでも大々的に上演されて、西洋ものの他に牛若丸や楠公など歴史ものが観客の心をつかんで大いに親しまれたが、1927年（昭和2）に宝塚少女歌劇で豪華レビュー「モン・パリ」が上演されたことによってレビュー時代が到来し、お伽歌劇は衰退することになる。

これぞ王道の少女アイドル！
相良愛子

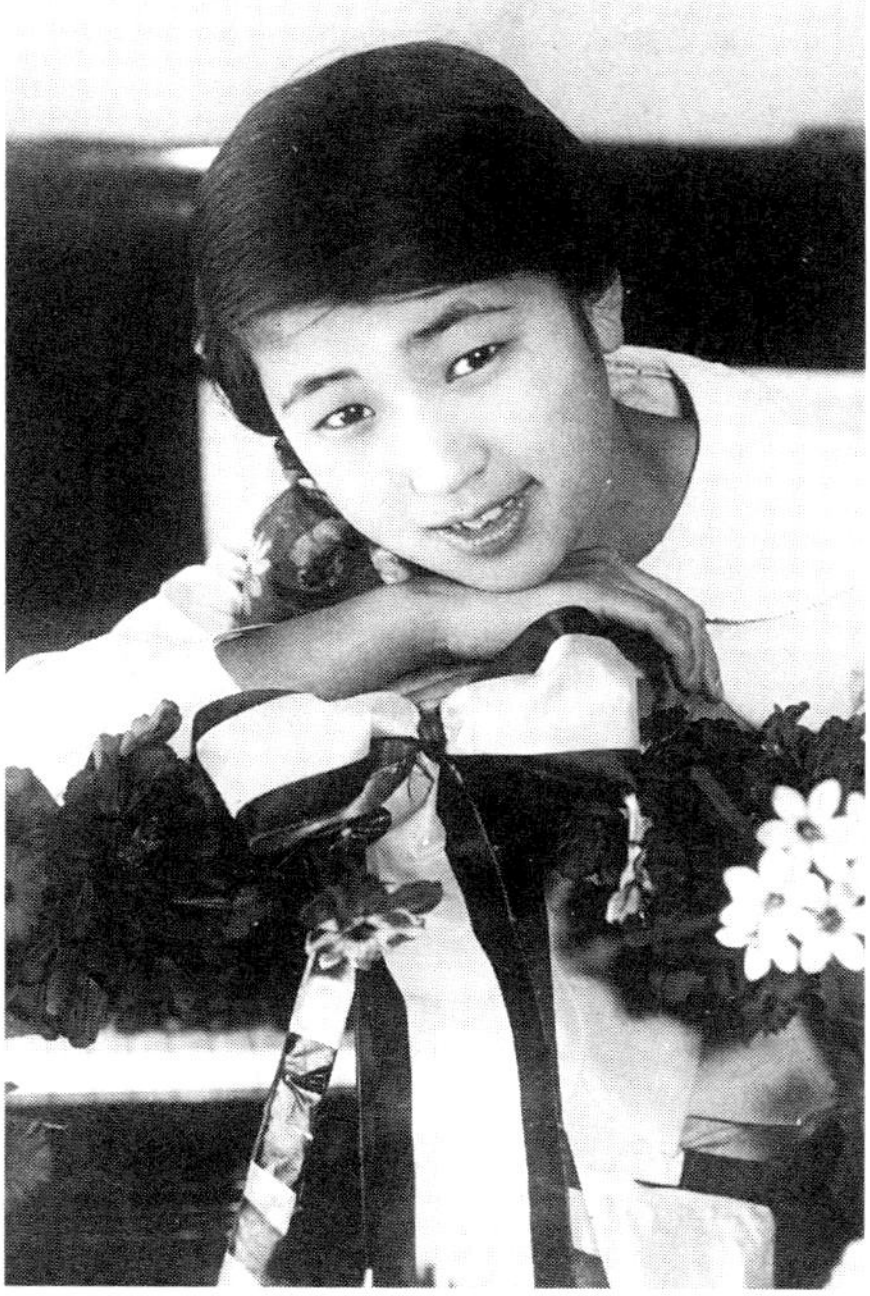

現代的な容貌は古さを感じさせない。稽古場で撮影された1枚。1922年（大正11）頃撮影。

相良愛子が表紙を飾った雑誌『オペラ』1924年（大正13）9月号。

エキゾティックな雰囲気が漂う根岸歌劇団時代のブロマイド。1922年（大正11）頃撮影。

相良愛子［さがら・あいこ］

1906年（明治39）〜没年不詳。東京府出身。母が女優だったことから13歳で初舞台を踏み、浅草オペラでは最若手の少女スターとして絶大な人気を誇った。歌、演技、ダンスを器用にこなし、なおかつフレッシュな美貌は大正時代の青春を清々しく飾った。1930年（昭和5）には日活に入社するも脇役となり、1937年（昭和12）に引退した。

大正時代の青春スター

それまで帝劇、または演劇界で鍛錬した技量の落ち主が舞台の中心的存在であったが、そこに突如として現れたのが浅草生え抜きの美少女・相良愛子であった。

母が新派女優からオペラ女優へと転身した宮城信子だったことから、1919年（大正8）13歳にして新星歌舞劇団に入団し初舞台を踏む。舞踊を高田雅夫について学び、持前の美貌と舞台度胸が多くのファンに注目されるところとなり、浅草オペラ中期最大のスターとして全盛時代を築く。1923年（大正12）に旗揚げされたミカゲ歌劇団、1927年（昭和2）の更生歌劇団では座長格として一座を支えた。1930年（昭和5）映画界に転身すべく日活に入社するもオペラ女優としてのイメージを払拭することができず、1937年（昭和12）に芸能界を引退した。

高木徳子に寵愛された若手舞踊家ナンバーワン
堺千代子

大正時代の浅草を象徴するようなデカダンな1枚。堺千代子は人気投票でも上位の常連であった。1922年（大正11）頃撮影。

根岸歌劇団時代の舞台写真。舞踊ばかりではなく女優として芝居にも出演した。右は松山浪子。1922年（大正11）頃撮影。

堺千代子［さかい・ちよこ］

1905年（明治38）～1960年（昭和35）頃。東京府出身。高木徳子門下として舞踊を修得し、1918年（大正7）歌舞劇協会の有楽座公演でデビュー。その後、常盤楽劇団、根岸歌劇団、高田雅夫舞踊団などに在籍し、華やかな舞台を繰り広げた大スター。後年は夫の藤田繁とモダンダンス研究に取り組んだ。

「私の二代目はこの子」

堺千代子は1905年（明治38）、東京神田に生まれ、神田女学校を中退。1918年（大正7）に高木徳子門下としてダンスの基礎を学ぶが、その天性の才能は徳子の目にとまるところとなり、芸に厳しい徳子をして「私の二代目はこの子」と言わしめるほどであった。

1919年（大正8）徳子の死とともに芸界から遠のいていたが、同年に設立された常盤楽劇団の旗揚げに際して復帰することとなった。その後、一流歌劇団の舞踊家としてひときわ目立つ存在であり、浅草オペラの衰退後は高田雅夫舞踊団の中核としてモダンダンスの研究に精進した。のちに堺千和子と改名した。昭和30年頃にカムバックし舞踊会を行ったが間もなく亡くなったという。

花園歌子［はなぞの・うたこ］

1905年（明治38）～1982年（昭和57）。若草につぐモダン芸者の代表的人物で、芸界や文学界で広く活動。若草民子との婚姻関係を解消したのち黒瀬春吉と結婚した。黒瀬との子を出産すると離婚し、黒瀬の養女に入る。作家の正岡容と婚姻関係にあった時期もある。晩年は日舞花園流家元の花園環枝となる。

若草民子［わかくさ・たみこ］

1903年（明治36）～没年不詳。谷崎潤一郎を魅了し、政界、芸界などに多数の後援者が存在したという、パンタライ社随一のスター。黒瀬春吉の夫人で、お座敷で洋舞を披露する「モダン芸者」の元祖として名を馳せたが、昭和初期に演歌師の松崎質と心中したといわれている。橘瑠璃子を名乗っていたこともあった。

青柳雪枝［あおやぎ・ゆきえ］

生没年不詳。パンタライ社を開業する以前に黒瀬春吉の夫人であったが、黒瀬はアナーキストで画家の小生夢坊に対して妻・青柳との重婚を許し、黒瀬自らが媒酌人になるという不可思議な行動に出た。青柳は黒瀬と離婚するも、ジプシー歌劇団の専属女優として名を連ねている。

コラム

多くの文豪を魅了したデカダン集団

パンタライ社

歴史に埋もれた謎の集団

1921年（大正10）アナーキストで怪人物として知られた黒瀬春吉によって浅草で開業したパンタライ社は、政治団体と女優派出を兼ねた集団で、同社の顧問としてアナーキストの大杉栄、ダダイストの辻潤、ピアニストの澤田柳吉、喜劇俳優の曾我廼家五九郎《そがのやごくろう》が収まっているところをみても穏やかではない。

「女優派出」とは女優をお座敷に呼ぶことができるシステムで、浅草オペラの有名女優も派出できると触れ込みつつニセモノを送り込み荒稼ぎしたといわれている。しかし長年パンタライ社の実態については謎ばかりであった。谷崎潤一郎、正岡容《まさおかいるる》、永井荷風を魅了したといわれるパンタライ社にはどんな女性が所属していたのだろうか？

きわめて貴重なパンタライ社所属女

三條文子［さんじょう・ふみこ］

1902年（明治35）～没年不詳。神奈川県出身。旭少女歌劇団でデビューを果たし、その後、新生歌劇団、民衆歌劇団など浅草オペラの劇団を経て、ジプシー歌劇団に所属した。豊満な肉体は同歌劇団でも存在感を放っていた。

梅村勝代［うめむら・かつよ］

1905年（明治38）～没年不詳。東京府出身。河合澄子が座長をつとめた新生歌劇団で初舞台を踏み、その後、小さな歌劇団を転々としたのち、ジプシー歌劇団に入団。ダンス、芝居、コーラスと器用にこなし、また一座を代表する美人として知られた。

優たちの写真を掲載し、歴史に埋もれた劇団の面影をたどってみたい。

パンタライ社からジプシー歌劇団へ

1922年（大正11）11月には浅草オペラ人気の煽りを受けて、享楽座、ジプシー歌劇団と改称し、事務所を「室内劇場」と名乗って女優を募集。享楽座の女優は10人にも満たない人数であったが、外国の舞踊雑誌などを見本にして責任者の黒瀬春吉が独自に厳しい稽古をつけたことによって、アクロバット的な舞踊のテクニックは、本家である浅草の舞踊家たちも舌を巻いたと言われている。

当時の雑誌『民衆娯楽』1923年（大正12）8月号には「パンタライ社へゆくと、ぼくは何もしゃべらないでピアノの横に眼をつぶって腰をおろした、ピアノが鳴る。三味線の音もする。ピアノと三味線の合奏だね。船頭小唄、新安来節、ユモレスク、おや今度はカルメンだね。こゝでは上品も下品も差別がない。何んでもめ茶く茶にやってゐる。踊ってゐる。スカートのにくづれの音。このにほいはスカートからもれてくる香水だね。勝代も出てきた。（略）民子が出てきた。みんなで夢を食ふやうな話をしてゐると、煙草に酔ってるやうである。湯あがりと、白粉と、性慾とのしめった甘いにほひを嗅いで、眼をつぶってると、気持ちがよい。斯うした女のふざけ話も一興だ。そとの雨のおとははぢけついてる。夢にかゝった霞のやうな雨の音だ。かなしいぼくの情熱は、ぼんやりと丘の景色をみつめてゐるやうな、あわいこゝろで、唄ってる。踊ってる」という大正時代の妖しいデカダン世界を彷彿《ほうふつ》とさせるルポが掲載されている。

姦通罪とは？

芸能人たちの不倫報道華やかなりし昨今。かつて「不倫」は「姦通」と称され、庶民にはなじみ深い法律として「姦通罪」というものが大日本帝国憲法に存在した。姦通罪の大きな特徴は女性を処罰するための刑法であったことで、相手男性とともに6か月以上2年以下の重禁固が申し渡された。

1923年（大正12）に話題をさらった作家の有島武郎と女流記者波多野秋子の心中は、姦通罪で処罰されることを苦にしたことが原因のひとつだったとされている。

清楚？　エロティック？
浅草が生んだアイドル女優たち

落ち着いたセリフ回しとは裏腹に、岩間百合子にはエロティックな写真が多く残されており、男性ファンには興奮ものだったろう。1920年（大正9）頃撮影。

岩間百合子［いわま・ゆりこ］

1897年（明治30）～没年不詳。カフェーの女給からローシー歌劇団に入団し女優デビュー。演技力も高かったが浅草オペラを代表する美人女優と称されて絶大な人気を博した。昭和初期から戦時中にかけては田谷力三の相手役として劇団・笑の王国などで活躍した。

日本初のセミヌードポスターのモデルになったことで、近代写真史に長くその名を語られることだろう。1921年（大正10）撮影。

松島栄美子［まつしま・えみこ］

1892年（明治25）～1983年（昭和58）。東京府出身。新派女優として舞台活動を行っていたが、オペラの隆盛とともに歌劇女優となる。七声歌劇団、根岸歌劇団などで活躍し、1922年（大正11）には赤玉ポートワインが経営していた歌劇団・楽劇座に入座した関係から日本初セミヌードポスターのモデルとなる。

浅草オペラの登場がなぜ、空前のセンセーションを巻き起こしたのか？

高嶺の花だったオペラが安価で楽しめるようになったから？　娯楽が少なかったから？　いろいろな要因が考えられるが、それまでの芸能と明らかに異質だった点は、舞台でダンスを披露することから、必然的に露出度の高いコスチュームを着用した、というところであった。すると男性たちの性的な対象となって、女優たちの噂がゴシップ雑誌の誌面を賑わせた。

浅草オペラのファン「ペラゴロ」であった作家の谷崎潤一郎は、小説『鮫人』において「われわれ日本人に新しい女性美の理想を生ませてくれたのは、たしかに公園の歌劇俳優の功であった」と記しているように、半裸姿や国籍不詳のエキゾティックな化粧を施したオペラ女優のプロマイドが多く残されている。

松木みどり［まつき・みどり］

1900年（明治33）～没年不詳。東京府出身。ローシー歌劇団で初舞台を踏み、1918年（大正7）には原信子歌劇団に所属し浅草へ進出。その後、根岸歌劇団などの一流歌劇団で人気をうたわれた。持前の美貌で人気を集め、昭和初期には松木みどりレビュー団を組織した。

◉浅草オペラでも屈指のビジュアルの持ち主。エキゾティックなまなざしは高畠華宵の絵のなかから抜け出たよう。1921年（大正10）頃撮影。

◉いち早くセーラー服を衣装として取り入れており、お転婆な少女役を得意としていたことがわかる1枚。1919年（大正8）頃撮影。

田中壽々子［たなか・すずこ］

1902年（明治35）～没年不詳。神奈川県出身。当初、歌舞伎役者に師事していたが、旭少女歌劇団でオペラ女優としてデビュー。小柄で元気なイメージで舞台を華やかに飾った。

◉大正時代の典型的なダンス姿が美しい須田笑子。一時は相良愛子をもしのぐ人気でオペラ界の人気を一身に背負っていた。1924年（大正13）撮影。

須田笑子［すだ・えみこ］

1906年（明治39）～没年不詳。神奈川県出身。1916年（大正5）奇術の松旭斎天華一座に入座、当初は高田笑子の名で舞台に立っていたが、浅草オペラの隆盛とともに高田雅夫門下として舞踊家デビュー。浅草オペラ後期には最大の人気を集め一時代を築いた。夫は舞踊家で宝塚少女歌劇団の振付師となった荒尾静一。

浅草オペラ俳優の平均年齢は!?

古い話を聞いていると、年齢がいった人たちによってもたらされた文化のような気がしてしまうが、実際は若い人たちによって作り上げられた文化が多いことに気がつく。

浅草オペラも例外ではなく、1923年（大正12）の浅草オペラに関係していた130人以上の統計をとったところ、関係者の平均年齢は22歳であった。新派や新劇、歌舞伎とは違って、前例がなかったことからまさにゼロからのスタートであり、指導者が不在の中、日本初演のオペラに取り組み、熱意は並大抵ではなかった。

松山浪子［まつやま・なみこ］

1901年（明治34）～没年不詳。新潟県出身。1918年（大正7）に旭少女歌劇団よりデビュー。芝居、歌、ダンスなどを器用にこなし、可憐な美貌だったことで人気女優の仲間入りを果たす。浅草オペラ崩壊後は映画やレコード吹き込みも積極的に行い、舞台活動も活発に行っている。

◉喜歌劇「天国と地獄」でキューピット役を演じたとき。大正ロマンの香りが漂う。1921年（大正10）頃撮影。

◉現代的でコケティッシュな表情が印象的。現在はサトウハチローとともに眠っている。1926年（大正15）頃撮影。

歌川るり子［うたかわ・るりこ］

1900年（明治33）～1947年（昭和22）。神奈川県出身。新劇女優としてデビューを果たすが、河合澄子の日本バンドマン一座、新生歌劇団、根岸歌劇団などに所属する。派手な美貌が多くの男性ファンを魅了し、1924年（大正13）には東亜キネマの専属女優となり人気を集める。サトウハチローの二番目の妻である。

◉浅草オペラの衰退後は松竹キネマのウルトラモダンなモガ女優として映画デビュー。隙のないモガぶりが素敵である。1928年（昭和3）頃撮影。

岡村文子［おかむら・ふみこ］

1898年（明治31）～1976年（昭和51）。長野県出身。小笠原長幹の絵のモデルから、1917年（大正6）ローシー歌劇団よりデビュー、原信子の片腕として活躍。舞台映えのする容貌はたちまち注目を集め、多くの舞台に主演した。後年は映画女優として足跡を残し、歴史的ヒット作「愛染かつら」ではキャラの濃い佐藤婦長役を演じた。

海水浴の場面を取り入れた舞台の写真だろうか、番傘に洋装、ハイヒールという組み合せが大正時代らしい。1918年（大正7）頃撮影。

神山仙子［かみやま・せんこ］

1895年（明治28）～1920年（大正9）。埼玉県出身。上海の新聞社で事務員を経て、1917年（大正6）ローシー門下となり初舞台を踏む。その後、浅草に進出し演技派のオペラ女優として地位をかためつつあったとき、急逝。若き日の谷崎潤一郎が熱を上げたとか。

オペラの人気女優から映画界に転身して成功した数少ないひとり。とくに日活時代には同社の人気女優となった。1922年（大正11）頃撮影。

瀬川鶴子［せがわ・つるこ］

1898年（明治31）～没年不詳。東京府出身。ローシー歌劇団から東京歌劇座、七声歌劇団などの一流歌劇団を経て人気女優となり、浅草オペラ界きっての長身といわれた。1920年（大正9）には国際活映に入社し映画女優へ転身し、日活、帝国キネマなどで活躍。映画監督の鈴木重吉と結婚し1931年（昭和6）に引退した。

1924年（大正13）森歌劇団でグランドオペラ「カルメン」が上演されたときの1枚。右は明石須磨子。

高井ルビー［たかい・るびー］

1904年（明治37）～没年不詳。高井爾美の名で新星歌舞劇団のコーラスガールとして舞台に立っていたところ、1920年（大正9）演出家の獏与太平によって見出されスターの仲間入りを果たす。レコード用のお伽歌劇で多くの主役を演じた。レコード歌手を経て、1937年（昭和12）には満洲屈指の名門ダンスホール・ペロケの専属歌手であった記録が残る。

元祖オネエ系ダンサー 澤マセロ

歯に衣を着せぬ物言いとセンスの良さが光るオネエ系タレントがブームである昨今、そのルーツとして挙げられるのが浅草オペラの人気舞踊家だった澤マセロである。マセロは1918年（大正7）に高田雅夫の弟子として初舞台を踏んだが、売れ始めると女性言葉を使い、舞台では独特の化粧を施し、甘い二枚目だったことから女性ファンたちを魅了した。センスの良さから副業ではじめたマセロ・ティールームも大好評だった。自らのアイデンティティを売りにした第一人者だったといえる。

◉ 高田雅夫・原せい子夫妻が主演した創作舞踊「半獣人」で弟子たちとともに。高田門下からは優れた舞踊家を数多く輩出した。後列中央が原せい子。

原せい子［はら・せいこ］

1895年（明治28）～1977年（昭和52）。石川県出身。東京音楽学校を中退後、帝国劇場歌劇部に入部し舞踊を学ぶ。その後、高木徳子一座の重要なポストにつき活躍し、新星歌舞劇団、根岸歌劇団などを経て、1922年（大正11）には舞踊研究のため渡欧。1924年（大正13）に帰国後は本格的な舞踊の研究にとりかかる。1929年（昭和4）に夫と死別後は高田姓を名乗り、晩年まで多くの弟子を養成した。

◉ タンバリンを片手にポーズを決める。義兄・石井漠の厳しい指導のもと着実に才能を開花させ、後年は後進の指導に当たった。1921年（大正10）頃撮影。

石井小浪［いしい・こなみ］

1905年（明治38）～1978年（昭和53）。東京府出身。舞踊家・石井漠夫人の実妹で、日本館を根城にしていたオペラ座で初舞台を踏む。1922年（大正11）には石井漠とともに渡欧し本格的にモダンダンスを学び、帰国後は指導者としてモダンダンスの基礎を築き上げた。

日本モダンダンス史の黎明
浅草オペラの舞踊家たち

浅草オペラが残したものはオペラだけにとどまらず、ダンス界に及ぼした影響も多大なものがある。帝劇歌劇部で養成された石井漠、高田雅夫、岸田辰弥、石井行康、そして澤モリノ、原せい子、山根千世子などの女優スターたちは指導者のいない浅草オペラ界では権威的な存在として弟子の養成や新たな舞踊の研究に努めた。

彼らの活動は浅草オペラの消滅後、さらに活発化し、石井漠は義妹の石井小浪とコンビを組んで漠ダンススタジオ、高田雅夫は妻の原せい子とともにタカダ舞踊団を開設した。浅草を去った岸田辰弥は宝塚少女歌劇団の教師として日本初のグランドレビュー「モン・パリ　吾が巴里よ！」を成功させた。

澤野文子［さわの・ふみこ］

1903年（明治36）〜没年不詳。石川県出身。1918年（大正7）に初舞台を踏み、澤モリノの一番弟子として舞踊を習得し、東京歌劇座、オペラ座など常に師に寄り添い、脇を固めた。演技力、舞踊の技術の高さから他の劇団への客演も行い、相当な人気を集めていた。澤文子を名乗っていた時期もある。

◉浅草オペラ独特の世界観に思わず引き込まれる1枚。1921年（大正10）頃撮影。

◉当時の日本人が持ち合わせていなかった明るいパフォーマンスと確かな技術は、稀有なものであった。1918年（大正7）撮影。

今村静子［いまむら・しずこ］

1896年（明治29）〜没年不詳。アメリカで舞踊を学び1919年（大正8）に帰国。大きな活動としては松旭斎天勝一座に在籍し、他の浅草オペラの舞踊家とは一味違ったカラーで存在感を放った。高木徳子亡きあとの舞踊界を盛り上げたトーダンサーであった。

◉その天真爛漫な笑顔が不思議な魅力、大正デカダン色が濃厚な中村米子の絵葉書。1922年（大正11）頃撮影。

中村米子［なかむら・よねこ］

1906年（明治39）〜没年不詳。山梨県出身。旭少女歌劇団、石井漠のオペラ座、根岸歌劇団などを経て、一時は京都パラダイス歌劇団など関西でも活動し、大いに人気を博した。天性の明るい笑顔が印象的で、芝居、ダンス、歌を器用にこなし、昭和初期まで活躍した。

原せい子（のちに高田せい子と改名）は全日本芸術舞踊協会の初代会長として現代舞踊の発展に尽力し、石井小浪は児童教育としての舞踊を推進。現在にも続く現代舞踊の礎《いしずえ》を築くことになる。

コラム

浅草オペラのイケメン俳優たち

◉「東洋のヴァレンチノ」と呼ばれた類まれな美男子ぶりは、多くの女性たちの心を鷲掴みにし、また女性遍歴も激しいものがあった。1930年（昭和5）撮影。

◉スマートで中性的な田谷力三が舞台に登場すると、黄色い声で「タヤタヤタヤ！」の声援が轟いた。1918年（大正7）撮影。

田谷力三［たや・りきぞう］

1899年（明治32）～1988年（昭和63）。東京府出身。1909年（明治42）に三越少年音楽隊に入隊し音楽生活の第一歩を踏み出し、赤坂ローヤル館を経て、浅草オペラでは最大のテノール歌手として伝説的な存在となる。以後、89歳で亡くなるまで生涯現役を誇りとして歌い続けた。

藤原義江［ふじわら・よしえ］

1898年（明治31）～1976年（昭和51）。山口県出身。スコットランド人の父、日本人の母を持つハーフで、新国劇の俳優を経て、1918年（大正7）戸山英二郎の名で旭少女歌劇団に入団し浅草オペラデビュー。その後、イタリアで本格的な声楽を学び、日本を代表する世界的なテノール歌手となる。藤原歌劇団の創設者。

◉小説『浅草の灯』に登場する熱血オペラ俳優・山上七郎は藤村がモデルで、漫才師コロムビア・トップの師でもある。1923年（大正12）12月上演「アイーダ」、アモナズロの扮装で。

藤村梧朗［ふじむら・ごろう］

1897年（明治30）～1955年（昭和30）。宮城県出身。霊南坂協会の聖歌隊を経て、赤坂ローヤル館でオペラデビュー。浅草オペラでは男らしい熱っぽさが好感を持たれて学生ファンなどに支持された。オペラ衰退後はレビュー劇団を率いてジャズを歌い、戦後は進駐軍慰問を専門に行い人気を集めた。

独特の世界観が魅力的な浅草オペラ

浅草オペラの世界は、まさに大正ロマンのイメージそのものであるといえ、今見ても特異で奇抜な女優群が多数存在していた。女性上位であったといえる浅草オペラ史のなかにも、魅力的な男優スターが当然のことながら多数存在していたのであるが、果たしてキャラの濃い女優たちの相手役を演じた俳優たちは、どんなイケメンたちだったのだろうか？

多士済々のオペラ俳優

オペラ歌手はパートによってテノールは二枚目、バリトンは三枚目などと大まかに役どころが決まっているのだが、浅草オペラの俳優たちはオペラの実力よりもカリスマ性が最優先だったことから、固定概念にこだわらず多くのスターたちが誕生している。

そのなかでも浅草オペラの象徴として絶大な人気を集めたのが田谷力三で、生涯を通して二枚目の主役以外を演じたことがなく、自らを律してスターの美しさを保った驚異的で稀有な歌手であった。

他にも、甘い二枚目として高田雅夫、町田金嶺、藤原義江、澤マセロ、北村猛夫、男らしい力強さが魅力の石井漠、藤村梧朗、大津賀八郎などが人気を集めていた。

第4章 スクリーンに微笑む女神たち

この微笑みが幾人のファンたちを魅了してきたのだろうか。松竹映画のマドンナであった松井千枝子。1928年（昭和3）頃撮影。

明治後期に勃興した
国産映画の世界であったが、
当初は舞台同様に女形の出演がほとんどで
女優の出る幕は皆無に等しいものであった。
大正時代になり
映画技術に長けた西洋の作品が
多数封切りされるようになると、
日本の映画界も一変！
女優が積極的に起用されるようになり、
「♪輝く美の理想
とこしえの憧れに」（「蒲田行進曲」）と歌われた、
キネマの時代が到来する。

「日本の恋人」と称された日本初の映画女優スター

栗島すみ子

涼しげな表情のなかには何ともいえぬ気品と貫禄が兼ね備わっている。1930年（昭和5）頃撮影。

銀幕の女王

それまでにも映画に出演した女優は存在していたが、やはり栗島すみ子の存在感は他を圧倒していた。

栗島すみ子は1902年（明治35）東京府生まれ。祖父は力士の綾瀬川《あやせがわ》山左衛門《さんざえもん》（1835〜1877）、父はジャーナリストの栗島狭衣《さごろも》（1876〜1945）、そして叔母は女優史の草創期を飾った葛城文子《かつらぎふみこ》という芸能一家の一人娘として誕生した。1909年（明治42）3月に有楽座で開催された実業之日本社主催の少女大会で初舞台を踏んだ。その後、父が立ち上げた栗島狭衣一座の座員として経験を積んでいたところに、新たに創立された映画会社・松竹キネマの専属女優として入社する話が舞い込んだ。

しかし新興産業であった映画は「活動写真は土の上で芝居をする」ということから当時の劇界から蔑視されており、劇界から映画界に転身することには相当に勇気を要することでもあった。そして悩んだ末に決心がついた栗島は、1921年（大正10）2月松竹キネマに入社、「虞美《ぐび》人草《じんそう》」（小谷ヘンリー監督）で映画女優

全盛期の栗島すみ子。大正ロマンを思わせる鈴蘭柄の着物が印象的な1枚。1922年（大正11）頃撮影。

昭和初期にはモダンガールの役も好演した。

栗島すみ子［くりしま・すみこ］

1902年（明治35）～1987年（昭和62）。映画女優の頂点に君臨する大スター。東京府出身。実父が俳優で文士の栗島狭衣だったことから、幼い頃より父とともに舞台に立つ。1921年（大正10）に松竹キネマに入社すると、時代が求めた女性像と栗島の可憐な姿が重なって爆発的人気を集め、日本映画スター女優第1号となった。

なりたくない職業だった映画女優

浅草オペラの裏方として活躍した内山惣十郎が一時期映画会社に招聘された際、映画に出演させる女優を探しに劇場の楽屋に入ると、「私は活動写真に出るほど落ちぶれてませんからね」と冷たくあしらわれたという。新興産業に対する偏見？　勝手がわからないから？　などなどいろいろと想像はできるが、当時の芸能界全体の意識として映画俳優（当時は活動役者と言われた）は最も軽視される存在だったのだ。

その最大の理由は、なんと！「土の上で芝居をするから」であった。今となっては想像もできないような差別が渦巻いていた。

として本格デビューすることになった。

映画女優の頂点として

その後、悲劇のヒロイン役を好演したことによって日本中の婦人たちの紅涙《こうるい》を絞り抜き、「美人と言へないがカメラフェースといふ奴が素敵にいい」（『映画大観』）ということで楚々とした日本人形的美貌が評判になり、続々と映画に主演し映画界きってのスター女優として「日本の恋人」とまで称されるようになった。

1923年（大正12）頃を人気の絶頂として全盛期には一日4000枚のプロマイドが売れたという伝説も残っている。その後、映画監督の池田義信と結婚。出産のために一時期、映画界から身を引いていたが、復帰後は相変わらぬ美貌にスターとしての貫禄も加わったことによって「松竹蒲田の女王」と称された。

百花繚乱

草創期の映画女優たち

映画芸術協会「深山の乙女」の宣材写真。後年は築地小劇場の専属女優として活躍した。1918年（大正7）撮影。

花柳はるみ［はなやぎ・はるみ］

1896年（明治29）〜1962年（昭和37）。芸術座を経て、村田実が主宰した黎明座（踏路社）に参加。1918年（大正7）映画劇運動と称した運動が巻き起こり、帰山教正を中心とした映画芸術協会に参加。「生の輝き」「深山の乙女」に主演し、映画女優第1号と称されるようになる。

エレガントなつば広の帽子に活発そうな表情が印象的な木下八百子。大正中期には大変な人気を集め後年は早川雪洲一座に客演したこともあった。1918年（大正7）頃撮影。

木下八百子［きのした・やおこ］

1892年（明治25）〜1967年（昭和42）。東京府出身。父は官吏という家庭に育ち、女子英語学校卒業後、大阪松竹女優養成所で学ぶという女優としては正統派の道を歩み、1919年（大正8）には大阪の劇団・成美団に看板女優として参加。舞台と映画を融合させた連鎖劇に出演し絶大な人気を集めた。

喉仏のある美女に違和感

明治後期、国産映画の勃興とともに舞台女優が映画に起用される機会が訪れてはいたが、あくまでも流行《はや》りもののひとつであり、専業の映画女優として徹する者はいなかった。

大正中期になると欧米から優れた映画が輸入され、映画が庶民の娯楽として浸透してくると映画の改革が叫ばれるようになった。それまで野外にセットを組んで、アップも画面の切り変わりもない、備え付けたままのキャメラで撮影する作品はしだいに違和感を感じさせるようになった。その違和感の最たるものは男性が女性を演じる女形であった。

映画女優の登場

1918年（大正7）に設立された映画芸術協会が制作した「生の輝き」に主演した花柳はるみは映画女優第1号となって映画史に名を刻み、

◉ 夏服をさっぱりと着こなして、爽やかな表情の五月信子。太平洋戦争中は五月信子一座として南方まで公演を行った。1921年（大正10）頃撮影。

五月信子［さつき・のぶこ］

1894年（明治27）～1959年（昭和34）。埼玉県出身。新派女優として大阪で絶大な人気を博していたとき、1921年（大正10）松竹より映画デビュー。川田芳子、栗島すみ子とともに「松竹三大女優」として売り出され、華々しい映画時代の幕開けを飾ることとなる。「お人形」の前者と対照的に「人間」を演じた。

◉ 大正後期にはすでに映画界から身を引いているため資料が少なく、今まで刊行された多くの映画本でも取り上げられる機会が少なかった人物。1921年（大正10）頃撮影。

花川環［はなかわ・たまき］

1889年（明治22）～没年不詳。三重県出身。新劇女優としての道を歩み、観音劇場に出演していた。新日本劇などを経て、夫の勝見庸太郎とともに松竹キネマ創立当時から専属女優として入社。やさしいお母さん役として多くの映画に出演し、松竹映画初のお母さん女優となった。

◉ 芸妓時代には琴敷を名乗っていたが、落ち着いた古風な美貌が多くの映画ファンたちも魅了した。1921年（大正10）頃撮影。

川田芳子［かわだ・よしこ］

1895年（明治28）～1970年（昭和45）。新潟県出身。新橋芸者を経て、1916年（大正5）に帝国劇場で上演された喜歌劇「天邪鬼」で初舞台を踏み、川上芳子を名乗る。1920年（大正9）に設立された松竹キネマの第1回作品「島の女」が映画デビュー作品とされている。撮影所内でも一目をおかれる存在となり、数多くの作品に主演。

その後、大正活映（葉山三千子）、松竹キネマ（川田芳子、栗島すみ子、五月信子など）、帝国キネマ（小田照葉）、マキノキネマ（マキノ輝子など）など続々と新興の映画会社が設立されるようになると、多くの会社で女優を起用。映画女優は時代の先端を行き、憧憬の的となって、一躍映画女優黄金時代を築いていくことになる。

◆映画の量産時代

日本の活動写真黎明期、それは映画の量産時代であった。日本初の映画スターとして少年たちのヒーローであった尾上松之助（通称、目玉の松ちゃん）は1909年（明治42）のデビューから1926年（大正15・昭和元）に亡くなる約17年のうちに、なんと1000本以上の映画に出演したという驚異的な記録が残されている。現代であればギネスブックものであろう。

しかし映画は消耗品とみなされていたことから、大正期に制作された映画フィルムの大半は失われ、詳細な記録さえも残っていない。

柳さく子［やなぎ・さくこ］

1902年（明治35）～1963年（昭和38）。東京府出身。幼い頃から少女歌舞伎・市川左久江として浅草アウル館に出演するという経歴を持つ。1922年（大正11）には松竹キネマに入社し、映画デビュー。小柄で可憐な娘役は天下一品で、一時は女王・栗島すみ子の人気をしのぐものがあった。

◉1924年（大正13）に封切られた「美濃家の娘」では柳さく子の接吻シーンが撮影されたが、検閲でカットされたといわれている。

◉のちに映画界の長老として貴重な証言を残した監督の牛原虚彦と1922年（大正11）年に結婚。仕事をセーブしながら1927年（昭和2）に引退した。1921年（大正10）頃撮影。

三村千代子［みむら・ちよこ］

1903年（明治36）～1974年（昭和49）。神奈川県出身。少女時代から新派一座の子役として舞台に立ち、1920年（大正9）に創立されたばかりの松竹キネマに入社。栗島すみ子をはじめ、華やかな女優陣が勢揃いするなかで、素朴な村娘などを演じて人気を集めた。

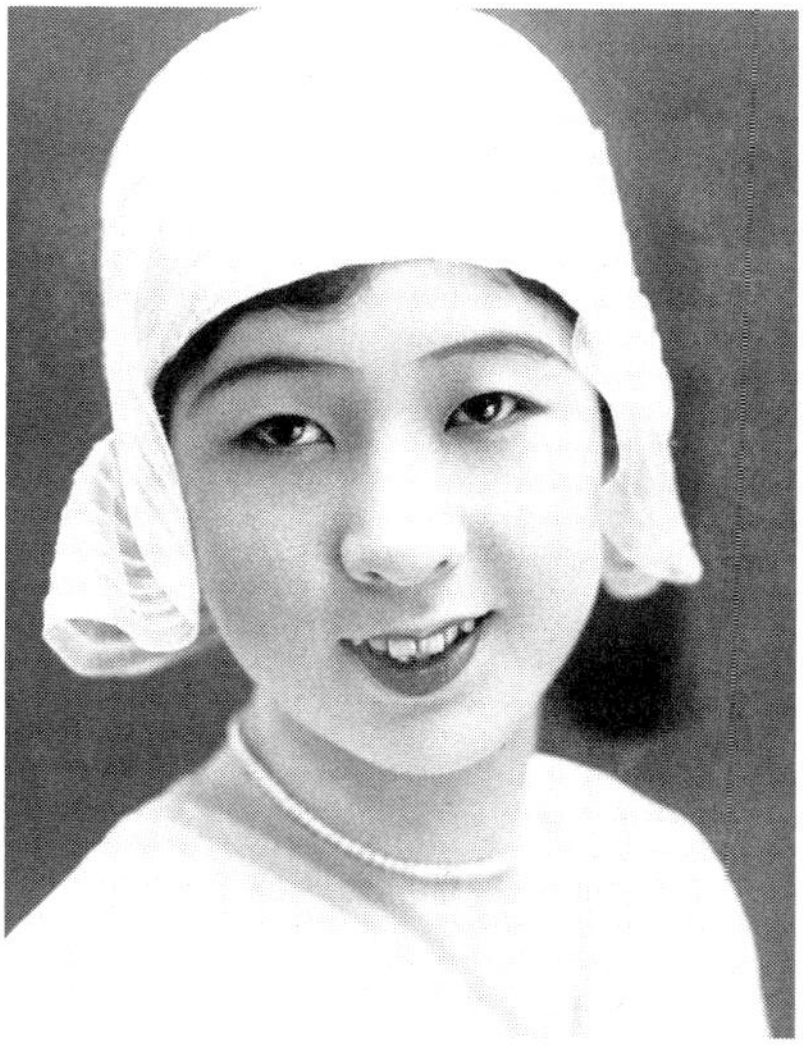

◉華やかな存在として劇団・新派を支えた大女優。娘の水谷良重が二代目を継いでいることはあまりにも有名。1930年（昭和5）頃撮影。

水谷八重子［みずたに・やえこ］

1905年（明治38）～1979年（昭和54）。東京府出身。松井須磨子の芸術座で子役としてデビューし、1921年（大正10）には映画会社・国際活映が制作した「寒椿」で映画界にも進出。その後、松竹キネマの娘役スターを経て、舞台女優としての道を歩み、日本を代表する女優となる。

澤村春子［さわむら・はるこ］

1901年（明治34）～1989年（平成元）。北海道出身。1921年（大正10）小山内薫が主宰した松竹キネマ俳優学校に参加して、新しい映画作りを学び、同年に制作された「路上の霊魂」では準主役級でデビューを果たした。1923年（大正12）には日活に移籍し、デビュー間もない溝口健二の映画に主演した。

◉当初は地味な印象だったが、日活に入社すると派手な存在として映画ファンを魅了したといわれている。1925年（大正14）頃撮影。

英百合子［はなぶさ・ゆりこ］

1900年（明治33）～1970年（昭和45）。広島県呉市出身。1917年（大正6）に浅草で旗揚げされた日本歌劇協会に参加し初舞台を踏んだあと、浅草オペラ、新派を経て、1919年（大正8）には国際活映より映画デビュー。その後移籍した松竹キネマで人気が爆発した。

◉オペラ出身だったことから颯爽と洋服を着こなし、欧米の影響を受けたコケティッシュな身ぶりは、モガ女優の先駆けともなった。1925年（大正14）頃撮影。

筑波雪子［つくば・ゆきこ］

1906年（明治39）～1977年（昭和52）。東京府出身。新橋の人気芸者だったが松竹キネマよりスカウトを受けて、1922年（大正11）映画デビューを果たす。同じく芸者だった若葉照子とともに売り出され、大正末期の映画界を華やかに彩った。一時は俳優の諸口十九と恋愛関係にあり、諸口一座の看板女優として舞台に立っていた時期もある。

◉筑波雪子の美貌は今でも古さを感じさせない。当時はやりの髪形・耳隠しで。1925年（大正14）頃撮影。

活動写真の歴史

活動写真の元祖はエジソンが1896年（明治29）に発表した、ひとりで覗いて楽しむキネトスコープで、同年には日本にも輸入されて神戸で初公開。人々の度胆《どぎも》を抜いた。それから間もなくスクリーンで見ることができるヴァイタスコープ、シネマトグラフが輸入されて日本各地の都市において公開されると大反響を得て、早速「活動大写真」と名付けられた。1908年（明治41）には日本初の国産映画会社・吉沢商店、続いて1912年（大正元）には日活の前身である日本活動写真株式会社が設立され、日本における映画黎明期を飾った。

梅村蓉子［うめむら・ようこ］

1903年（明治36）〜1944年（昭和19）。東京府出身。子ども時代から鈴木花子の名で有楽座お伽劇に出演し相当に人気を集めていたが、1922年（大正11）松竹キネマに入社。1924年（大正13）、日活に移籍後は酒井米子に次ぐスターとして絶大な人気を集め、晩年には映画史に残る多くの名作に出演した。

●「紙人形春の囁き」「足にさはった女」「祇園の姉妹」「浪花女」など多くの溝口健二監督作品に出演した。1926年（大正15）頃撮影。

●ハリウッド仕込みだけあって、他の女優とは一線を画してモダンさが満ちあふれている。1926年（大正15）頃撮影。

砂田駒子［すなだ・こまこ］

1900年（明治33）〜没年不詳。岡山県出身。幼くして渡米し、草創期のハリウッドでエキストラとして経験を積んだのち帰朝。1924年（大正13）には日活に入社し、高島愛子とともにモダンガール女優の元祖として多くの作品に主演、時にはアトラクションでチャールストンを披露したことも。

西條香代子［さいじょう・かよこ］

1906年（明治39）〜没年不詳。1925年（大正14）に日活映画のイチオシ女優としてデビューし、関東大震災後の京都モダニズムを体現したような存在であった。モダン美人として相当に人気を集めていたが、1927年（昭和2）には阪妻プロダクションに移籍した。

●大正後期の日活に突如として現れ、彗星の如く消えていった幻のモダン美人女優であった。1926年（大正15）頃撮影。

澤蘭子 [さわ・らんこ]

1903年（明治36）～2003年（平成15）。宮城県出身。宝塚少女歌劇団9期生、泉蘭子として初舞台を踏む。1923年（大正12）松竹キネマ、日活を経て、翌年には帝国キネマに入社。入社間もなく主演した映画「籠の鳥」が映画史上はじまって以来の大ヒットを飛ばしたことからスターとして君臨することになる。

◉大きく結いあげた束髪に白いエプロン姿は、大正時代におけるカフェー女給の典型的なスタイルである。1924年（大正13）頃撮影。

◉娘時代には神戸紫団という不良少女集団のスケバンだったという。1927年（昭和2）頃撮影。

歌川八重子 [うたかわ・やえこ]

1903年（明治36）～1943年（昭和18）。兵庫県神戸市出身。1919年（大正8）久世亮のオペラ一座に加わり神戸聚楽館で初舞台を踏む。その後、新派女優を経て1922年（大正11）松竹キネマで映画デビュー、翌年には設立されたばかりの帝国キネマに入社し、同社の看板スター「帝キネの女王」となった。

◉楚々とした控えめな姿は、スクリーンで暴れ回る男性スターをより引き立てた。1924年（大正13）頃撮影。

環歌子 [たまき・うたこ]

1901年（明治34）～1983年（昭和58）。北海道出身。浅草オペラの旭少女歌劇団、根岸歌劇団を経て1921年（大正10）国際活映で映画デビュー。その後、時代劇映画で一時代を築いたマキノキネマの看板女優のひとりとして人気を獲得。新人だった阪東妻三郎などに助演した。

◆活動写真隆盛のもうひとつの立役者・活動弁士

映画がまだ活動写真と呼ばれていたサイレント映画の全盛時代。魅力的な出演者たちの顔ぶれによって観客の動員数が左右されたことはいうまでもないが、声色を使いながらスクリーンの横で活動写真の説明を行う活動弁士の存在も偉大なものであった。

活動弁士の良し悪しによって観客の満足度が大きく変化したため、それぞれの映画館パンフレットには人気活動弁士の名前が大きく掲載され、観客には好みの弁士が存在。また少年弁士や女性弁士などもひとつの呼びものでもあった。

当時のゴシップ雑誌には弁士の前身や噂が掲載され、一種のアイドル的存在だったともいえる。洋画専門、邦画専門などそれぞれに得意分野があり、関西地方ではチャップリンの声色を関西弁で演じるという珍妙な情景が繰り広げられていたという。

◉酒井米子の独擅場であった鳥追い姿で。1927年（昭和2）頃撮影。

匂いたつような色香で時代劇に花を添えた名女優
酒井米子

酒井米子［さかい・よねこ］

1898年（明治31）～1958年（昭和33）。東京府出身。新劇女優の草分けとして1910年（明治43）に初舞台を踏み経験を重ねていたが、事情によって芸者に転身。しかし1920年（大正9）には日活に入社し再び女優としての道を歩みはじめることになる。色香漂う芸者役や鳥追い役などを演じると右にでる者はなく、一時期は日活映画のトップ女優であった。

松井須磨子のライバル

一時期は日活映画の女王として君臨した酒井米子。そもそも桝本清《ますもときよし》が主宰する新時代劇協会に参加し1910年（明治43）11月に有楽座「馬盗棒」で初舞台を踏み、1912（明治45）2月、小山内薫《おさないかおる》らによって結成された土曜劇場の看板女優として活躍。

1913年（大正2）には伊庭孝《いばたかし》の新劇社、市川猿之助の吾声会、無名会など新劇運動の中核となっていた劇団の花形として舞台に立ち、一時期は松井須磨子のライバル女優とされるほどの人気と実力を発揮していた。家庭の事情から突如として下谷の末広屋から八千代を名乗って芸妓へと転身し周囲を驚かせた。

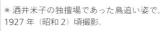

映画女優としての道

1920年（大正9）2月日活向島へ入社し、中山歌子とともに日活初の女優陣として映画出演を行っていたが、中山歌子に反感を抱いたグループが脱退騒ぎを起こし酒井米子もその一員として数作に出演したのみで退社。1922年（大正11）7月、松竹へ移籍したが、栗島すみ子をは

大正期の女優らしい洋装姿。1924年（大正13）頃撮影。

1926年（大正15）公開の映画「月形半平太」（高橋寿康監督）の一場面。左は桜木梅子。

新劇女優時代の珍しいプロマイド。清楚でエキゾティックな雰囲気は、今見ても美しい。1912年（明治45）頃撮影。

じめ、川田芳子、五月信子、英百合子らのスターがひしめき合っていた松竹では独自のカラーができあがっており、そこになじむことはなく、中山歌子が映画界を去ったのと前後して日活に復社することになった。

日活映画の女王

現代劇を中心として村田実、若山治、鈴木謙作、デビュー間もない溝口健二ら名監督の作品に出演し、日活の女王として絶大な人気を集めた。

大正後期からは時代劇がさかんになり、1926（大正15）に封切られた「月形半平太」では芸妓の染八役を演じたのを皮切りに本格的に時代劇女優として多くの作品に主演。鳥追いや芸妓役に本領を発揮し、ファンの心をつかんだが1932年（昭和7）7月、日活を退社。以後はフリーランスの女優としての活動を続ける。

活動写真の名女形たち

大正ヒトケタ時代の映画界、女優が映画に出演した例はあるものの、メインは断然女形の存在であった。女形が映画雑誌のグラビアを飾り、記事を賑わせた。とくに日活には美しい女形が勢揃いしており、娘役の立花貞次郎、衣笠貞之助、小栗武雄、土方勝三郎、藤川三之助、粋な年増を得意とした東猛夫、秋月邦武、母親役の五月操などがスクリーンを飾った。

しかし松竹キネマや大正活映など女形を使用しない映画会社の設立によって女形の不自然さを煽ることになり、日活も女優を使用しはじめると、女形たちは会社に反旗を翻して1922年（大正11）一斉退社。しかし再び女形の時代がやってくることはなかった。

あのお婆ちゃんは映画史に
燦然と輝く女優の草分け!?

浦辺粂子

1925年（大正14）頃に撮影された浦辺粂子のプロマイド。

伝説的なスターだった浦辺粂子

1980年代にヴァラエティ番組を沸かせたお婆ちゃん女優・浦辺粂子は1902年（明治35）に静岡県加茂郡下田町（現・下田市）の寺院の一人娘として誕生した。浦辺の娘時代の一番のスターはなんといっても松井須磨子の存在であり、1917年（大正6）に私立沼津女学校に入学する頃にはすっかり女優熱に浮かされてしまい、なんと学芸会では浦辺自ら筆を執り主演を演じた「女優礼賛」という作品を上演。しかし女優という職業の社会的地位が低かった時代、女優の存在を肯定する大胆な作品は校内で物議を醸《かも》したことから、女学校を中退することになってしまった。

そんななか、地元静岡へ興行に来ていた奇術の松旭斎天外一座の舞台を観た浦辺は、女優への夢が抑えきれなくなってしまい、家出を決心して一座のメンバーとして興行に加わってしまうのであった。芸名として遠山みどりを名乗るも、侘しい巡業生活は想像とかけ離れていたことに加え、興行トラブルに巻き込まれて、一座を出奔《しゅっぽん》することになる。

✺ それまで人形的美貌の女優がほとんどであったが、どこか凄みを感じさせる演技力を多くの評論家が賞賛した。1924年（大正13）頃撮影。

✺ 関西好みの大きな束髪で正装をする浦辺粂子。演技派女優として開眼した頃。1924年（大正13）撮影。

浦辺粂子［うらべ・くめこ］

1902年（明治35）～1989年（平成元）。静岡県出身。奇術の松旭斎天外一座で初舞台を踏み、旅回りのオペラ劇団、新派女優を経て、1924年（大正13）に日活に入社。尾上松之助の相手役などを経て、映画の草創期を生きた名女優。テレビ時代には独特なキャラクターが愛されてヴァラエティ番組に引っ張りだことなった。

✺ 1924年（大正13）の夏に撮影され雑誌のグラビアを飾った、浦辺粂子の珍しい水着姿。

◆浅草オペラ女優から草創期の映画界へ

その後、七声歌劇団のオーディションに合格し、1919年（大正8年）上演「お伽歌劇　クリスマスの夜」（佐々紅華作）の端役《はやく》として初舞台を踏み、新たな芸名・静浦千鳥として晴れてオペラ女優としての一歩を踏み出すことになった。その後、曾我廼家五九郎一座、浪華少女歌劇団、国民歌劇座、京都パラダイス歌劇団を経て、1923年（大正12）に映画会社・小松商会の看板女優として複数の映画に出演するなどの活動をみせるが、浮き草のような女優生活であった。

そんな浦辺が本格的に映画女優として活動をはじめたのは1924年（大正13）に日活に入社したことからはじまる。以後60年以上にわたって芸能界の第一線で活躍した姿は天晴《あっぱ》れの一言であった。

ひときわ、派手で華やかな印象の岡田嘉子は「魔性の女」として、その名を轟かせた。1926年（大正15）頃撮影。

駆け落ち、亡命……
波乱に満ちたスキャンダル女優

岡田嘉子

岡田嘉子［おかだ・よしこ］

1902年（明治35）～1992年（平成4）。広島県出身。1919年（大正8）新芸術座で上演した「カルメン」で初舞台を踏む。その後、舞台協会の看板女優として頭角を現し、1923年（大正12）には日活「髑髏の舞」で映画デビュー。絶頂期の1927年（昭和2）には俳優の竹内良一と駆け落ち、1938年（昭和13）には杉本良吉とロシアへ亡命するという映画界きってのスキャンダル女優であった。

魔性の女の一生

1902年（明治35）、新聞記者の父を持ち、赴任先である広島県で誕生し、東京で育ったという。美術学校を卒業後、1919年（大正8）1月、松井須磨子がこの世を去ったのち新たに立ち上げられた新芸術座に入座し、中山歌子主演の「カルメン」で酒場の踊子役でデビュー。当初は三笠千鹿子の芸名を名乗っていた。

1921年（大正10）には舞台協会に参加、1923年（大正12）には日活映画に入社し「髑髏《どくろ》の舞」で映画デビューも果たす。

スクリーンに登場すると花が咲くように画面を明るくする岡田嘉子の存在は大きなものであったが、1927年（昭和2）に映画「椿姫」の撮影中に共演俳優の竹内良一とともに失踪。日活を馘《くび》になり世間を騒然とさせたが、その後、岡田嘉子一

左◉映画界きっての人気女優として活躍していた頃。間もなく俳優の竹内良一と駆け落ちをする。1926年（大正15）撮影。
右◉一度目の駆け落ちで映画界を干されたが、地道な活動が認められて再び人気女優の地位を獲得した頃。1935年（昭和10）頃撮影。

◉1925年（大正14）に日活女優の人気どころが勢揃いして撮影。前列、右端から岡田嘉子、梅村蓉子、酒井米子、原光代、高島愛子。後列右から鈴木傳明、澤村春子、市川春衛、宮部静子、水木京子、浦辺粂子、滝沢静子、妹尾松子、徳川良子、山本嘉一。

座を立ち上げて日本全国津々浦々まで公演を行っている。

◈復帰から亡命まで

1932年（昭和7）には松竹映画の専属となって再びスクリーンの人となると、「東京の宿」「東京の女」（小津安二郎監督）、「泣き濡れた春の女よ」（清水宏監督）などの名画に出演し、演技派女優としての地位を築きつつあった1938年（昭和13）、夫の杉本良吉とともにロシアへ亡命。国際社会との緊張感も高まっていた時代に人気女優の亡命は大事件として取り扱われた。以後10年以上、岡田嘉子の消息は知れないままであった。

時代とともに紆余《うよ》曲折《きょくせつ》の時間をすごしたが1972年（昭和47）に日本への帰国が実現。大きな話題を呼び、かつての面影を残した上品な姿は往年のファンを喜ばせた。その後、日本で演劇や映画に出演し活発な芸能活動を行った。

女優王国に美しく輝いた
薄命の名花

松井千枝子

短歌、日本画、箏を趣味とし、自作の脚本「春の雨」「哀愁の湖」は映画化もされているほど。日本映画界屈指の高学歴女優であった。1928年（昭和3）頃撮影。

その瞳の力に幾人の男性たちが魅了されたのだろうか。神は二物を与えず、美貌と引き換えに長い命は与えられなかった。1928年（昭和3）頃撮影。

エリート女優のはしり

松井千枝子は1899年（明治32）に浅草からほど近くで開業していた医師の長女として誕生。なに不自由もない少女時代を経て東京府立第一高等女学校に入学、趣味として箏《そう》をたしなみ、短歌を詠み、日本画を山本昇雲に師事。とくに日本画に玄人《くろうと》はだしの腕前で、遺稿集『死の舞台』では松井千枝子が描いた作品が口絵を飾っている。

実母が亡くなったことで父が迎えた継母との折り合いが悪く、卒業後は妹の潤子とともに出奔。生活のために画家の松山省三が経営していた

松井千枝子［まつい・ちえこ］

1899年（明治32）～1929年（昭和4）。東京府出身。医師の娘として東京第一高女を卒業したというエリートであったが、女優を志し出奔。1925年（大正14）に松竹キネマに入社すると人気が爆発し「我等の恋人」と称されたが、絶頂期の1929年（昭和4）に病没した。

◉耳隠しで涼しげな夏姿の松井千枝子。爽やかに微笑んだ表情のなかには育ちの良さが漂う。1928年（昭和3）頃撮影。

左◉1928年（昭和3）封切りの映画「感激時代」の一場面。典型的な和装モガのいでたちで。

右◉パラソルの下、浜辺でくつろぐ。チャイナドレス風の衣装が涼しげな様子を演出。1928年（昭和3）頃撮影。

銀座のカフェー・プランタンの帳場に立っていたとも、女給をしていたともいわれている。当時の銀座プランタンは、若い文化人や芸術家のたまり場として名高く、有数の文化発信基地であったことから、松井の美貌はひときわ目立つ存在になっていた。

◆「佳人薄命」を生きる

1925年（大正14）2月、松山省三と作家・久米正雄の紹介のもと松竹キネマに入社。1926年（大正15）には松竹のトップ女優が顔を揃えたオムニバス映画「妖婦五人女」のひとりとして主演し、それまでの栗島すみ子、柳さく子の後に続いて「我等の恋人」とも称されるようになっている。

華やかな女優生活の裏では病弱の身体に悩み、絶頂期であった1929年（昭和4）4月2日、腎臓病のために29歳という若さでこの世を去った。

コラム

必読！ 大正・昭和

スキャンダラスな女優たち

いつの時代も芸能界とスキャンダルは切っても切れない。芸能人のスキャンダル報道は有名税ともいわれているが、女優の歴史がはじまって間もない時代にはどのようなスキャンダルが存在したのだろうか？

戦前女優史上最大のスキャンダル・志賀暁子堕胎事件

映画が庶民の娯楽として黄金期を迎え、サイレントからトーキーへと移り変わろうとしていた時代。華やかなモダン文化の影響を受けて、派手で明朗なモガ女優が続々と登場し、はたまた女優史の伝統を継ぐ紅涙を絞る女優も健在のなか、エキゾティックな瞳が印象的なアンニュイな表情の女優がスクリーンに登場した。彼女の名は志賀《しが》暁子《あきこ》といった。

志賀暁子は１９１０年（明治43）、京都府に生まれた。名家の出身であったが家の事情から、人形町のユニオンダンスホールのダンサーとなり源氏名・城マリ子として働いていたところを二枚目俳優・中野英治に見出され帝国キネマに入社。しかし芽が出ないまま、１９３３年（昭和８）５月に改めて新興キネマから映画デビューすることになった。

芸能界は男女関係が乱れているという一般認識のとおり、会社の上役や監督などと関係を結んで女優としての地位を獲得していこうとする動きがあったことも事実で、志賀も数人の芸能関係者と関係を結びながら映画監督Aの愛人となり、準主役級の役を与えられるようになる。

そんな女優生活を送っていた矢先のこと、妊娠がわかり、１９３４年（昭和９）４月極秘のうちに堕胎《だたい》。法廷記録によれば「俳優トシテ人気ガ衰ヘルコトヲ恐レ、又子ドモガ私生児トナルコト、生後現在ノ状態ニテハ養育困難ナルコトナドノ理由カラ、之ノ処分ヲ計画」と記されている。

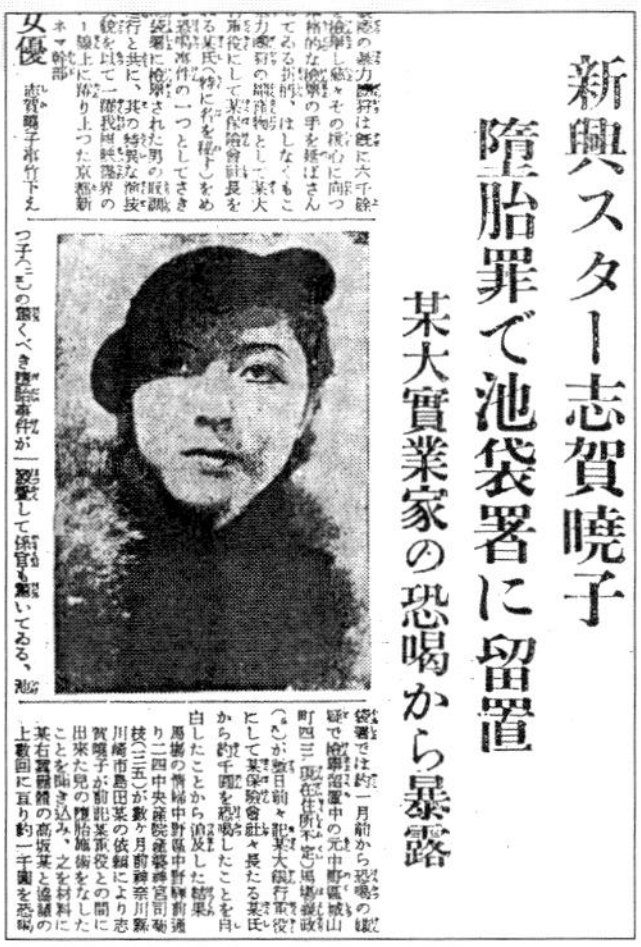
新興スター志賀暁子
堕胎罪で池袋署に留置
某大實業家の恐喝から暴露

◉センセーショナルに報道された「志賀暁子堕胎事件」（『都新聞』1935年［昭和10］7月18日）

戦前の女性を苦しめた法律

現在の日本国憲法が発布される以前、明治から終戦直後までに適用された大日本帝国憲法のみに存在した法律は多数存在するが、そのなかでも時代を反映したものといえば不敬罪、大逆罪、姦通罪などをあげることができるが、とくに女性たちを苦しめたのが堕胎罪であった（現在でも堕胎罪は存在するが、旧刑法とは別物である）。

堕胎罪は刑法第２編第29章堕胎の罪に該当し、堕胎行為を行った者への処罰であるが、富国強兵といわれ、国家のために多くの子どもを産むことが推奨された時代、堕胎するということについて非常に厳しい目が光っていたのであった。

◉松井須磨子の代役として「カルメン」を演じた際の中山歌子。1919年（大正8）年撮影。

そんな志賀暁子の堕胎が明らかになると堕胎罪で逮捕されることになった。

１９３５年（昭和10）には新聞で報道されたことによって映画界の陰の部分を露呈することになり、人気女優の堕胎事件は世間を騒然とさせた。

その後、市ヶ谷刑務所に収監され裁判も行われたが、男たちの欲望のはけ口とされた志賀暁子の情状酌量が認められて、１９３６年（昭和11）には懲役２年執行猶予３年の判決が下り、翌年には映画界にも無事に復帰することができた。しかしそのイメージが拭われることはなく、また戦争に向かう社会情勢のなか、再びスターの座に納まることはなかった。

女優史はじまって以来最大の極悪事件・大岡山女優殺人事件

１９２５年（大正14）９月５日、東京府荏《え》原郡《ばらぐん》碑衾町《ひぶすままち》大岡山にあった一軒家で凄惨な殺人事件が発生した。殺害されたのは住人であったオペラ女優中山愛子（25歳）とその夫（23歳）、そして養女（9歳）の３人で、現場からは預金通帳や印鑑、財布などがなくなっていることから物取りの犯行であることは明らかであった。さらに世間を驚かせたのは大正時代に一時代を築いた大女優・中山歌子宅が犯行現場だったからであった。

映画女優の草分け姉妹

中山歌子（１８９３〜１９２８?）は帝劇歌劇部から日活初の映画女優として大きな足跡を残し、自殺した松井須磨子の代役としてカルメンを演じたこともあった人物。殺害された女児はもともと歌子が養子として迎えた子であり、同じく犠牲者となった中山愛子こそ浅草オペラでデビューし日活の女優として活動した経験もあった歌子の妹だったのである。

姉の歌子は、１９２３年（大正12）に肺の病のために芸能界を引退し鎌倉のサナトリウムで生活をしていたので現場に居合わせることなく命を落とすことはなかったが、ひとり生き残ったことから生きる希望を失い、心に大きなダメージを受けた。歌子は宗教にすがりつくことになる。歌子の没年は判然としないが（１９２８年［昭和3］4月に自宅で亡くなったという資料も存在する）、かつて歌子をモデルとして起用した画家の伊藤晴雨《せいう》は、「『先生永々有難う、看護婦が来ましたから帰ってください』というのである。病人の意のままに自宅へ帰るとスグ『死んだ』という電報が来た。後に考えてみると、一人で死にたかったのだ。女優として自分は生涯純潔であったといわれたい彼女の見得坊《みえぼう》であったのだという事が判った。（略）死に臨んで迄見得を張った処が、女優の最後らしいと思った」と歌子の最期を回想している。

先が見えない不安……死が美化された時代

現在、韓流スターたちのたび重なる自殺がワイドショーを賑わしているが、昭和初

スターには悩み多し
死に誘ふ乙女の感傷
水久保澄子服毒の謎・謎・謎

● 1935年（昭和10）8月31日『都新聞』より

期の日本の芸能界でも同じ様相を呈した時期があったことは忘れられつつある。

昭和初期といえば芸能界に限らず、有島武郎の心中、芥川龍之介の自殺などがメディアを賑わせ、全国的に自殺や心中が多発。学生同士の心中事件が「天国に結ぶ恋」などと美化されロマンティックに報道されたことによって、自殺連鎖の引き金を引くこととなった。

悩み多きスタアたち

映画のトーキー化が進むと、それまでいっさい問題にならなかった俳優の「セリフまわし」が悩みの種になり、東北出身の龍田静枝《たつたしずえ》（1903〜1962）は訛《なまり》のためにスクリーンを去ることになり、エキゾティックな美男子として売り出し中であった俳優の毛利輝夫（1907〜1931）は、自らの吃音《きつおん》を苦にして恋人と鉄道自殺を遂げた。

そんな時代の変化とともに消えたスターたちは堅気《かたぎ》の生活を送ることができず、かつて日活の女優であった妹尾松子《せのおまつこ》（1899〜1933）は流転暮らしの末に、滋賀県のカフェーで縊死《いし》し、宝塚歌劇少女歌劇団のダンサーとして大正後期に活躍した天野香久子（1904〜没年不詳）も退団後には自ら命を絶ったといわれており、スター女優の末路を見せつけるのであった。

また松竹楽劇部のレビューガールから映画界入り、逢初夢子《あいぞめゆめこ》とともに売り出された水久保澄子（1916〜没年不詳）は、撮影中に失踪したり、自殺未遂を起こしたりとフレッシュなイメージに影を落とすようになって、松竹から日活へと移籍したが再びスターダムにのし上がることはできなかった。

元祖プッツン女優たち

夢かうつつか、役者として地位を築きながらも不思議な言動で注目を集める女優をいつしか「プッツン女優」と言うようになったが、戦前のプッツン女優の代表的存在は何といっても高島愛子である。南画家の大家である高島北海を父に持つ高島愛子は、1904年（明治37）山口県に生まれ、1924年（大正13）に映画デビューを果たすと、ハリウッド女優パール・ホワイトばりの冒険女優として売り出され一時代を築き上げた。

1928年（昭和3）には映画界を引退し、1931年（昭和6）には領事官との結婚のためにウィーンへ渡るという華やかな経歴の持ち主であったが、1936年（昭和11）に再び紙面を飾った高島はあまりにもかわり果てていた。

精神を病んでいた高島は、日本赤十字社の親授式に出席するために京都から滋賀へ向かう閑院宮《かんいんのみや》殿下が乗車する自動車の前に飛び出し2銭銅貨を投げつけたというのである。新聞では「狂える高島愛子の不敬　銀幕界かつての女王・琵琶湖畔に流転のダンサー」（『読売新聞』1936年〔昭和11〕6月17日）と報道がなされ往年の映画ファンを驚愕《きょうがく》させた。

● 1932年（昭和7）上演、グランドレビュー「らぶ・ぱれいど」の絢爛な舞台。
戦前には「踊る松竹、歌う宝塚」と豪華さを競った。

第5章

少女歌劇

甘美な夢に包まれて

大正時代に誕生した少女歌劇も
進化を遂げて、
欧米にならった豪華絢爛なグランドレビューが
上演されるようになると、

今までになかったタキシード姿の男装の麗人、
美しいドレスで着飾った
娘役スターが続々と登場。
戦争前の平和な時代を美しい夢で飾った。

水の江瀧子［みずのえ・たきこ］

1915年（大正4）～2009年（平成21）。北海道出身。1928年（昭和3）浅草松竹座で行われた松竹楽劇部のオーディションに合格し初舞台を踏む。断髪姿で颯爽とした男装ぶりは多くのファンを魅了し「ターキー」の名で親しまれ、戦前最大のアイドルとなる。戦後はテレビタレント、映画プロデューサーとしても活躍した。

◉1932年（昭和7）上演「らぶ・ぱれいど」の一場面。笑うとえくぼのでるターキースマイルに少女たちは熱狂した。

◉見よ！　この水もしたたる男装の麗人。1935年（昭和10）頃撮影。

ターキー旋風を巻き起こしたスーパースター
水の江瀧子

伝説の「男装の麗人・ターキー」

今から20数年ほど前までテレビのコメンテーターとしてお茶の間を沸かせていた水の江瀧子。実は戦前最大のスーパースターだったことをご存じだろうか？

1915年（大正4）北海道出身。幼くして一家で上京したが、1928年（昭和3）、姉のすすめで松竹楽劇部（のちの松竹少女歌劇団）1期生募集のオーディションを受けて合格。当初は群舞のひとりであったが、1930年（昭和5）上演の「松竹オンパレード」では司会者役に抜擢され、レビュー界初の本格的な断髪姿になると類まれなスタイルのよさと

右◉桃色争議で解雇されたターキーの松竹復帰作「タンゴ・ローザ」はレビュー史上空前の大ヒットとなった。1933年(昭和8)撮影。

左◉後年の気さくなおばさんというイメージからは想像ができないような、エキゾティックなまなざしのターキー。のちの宝塚やSKDに見られるような厚化粧ではない。

ターキーの人気

後援会「水の江会」の最盛期には2万人の会員を擁していたという。後援会誌『月刊タアキイ』が広く流布し、1934年(昭和9)にはコロムビアよりレコードが発売されると爆発的ヒットとなった。

　また多くの企業広告に起用され、「ターキー色」という色彩が考案されたほか、百貨店の玩具売り場にはターキー人形、ターキー羽子板などが並び、まさに社会現象を巻き起こした戦前最高のアイドルであった。

◉クラシックカーに乗った素顔のターキー。私生活の様子はファンが最も喜ぶネタでもあった。1933年(昭和8)頃撮影。

独特の容貌が多くのファンの目にとまることになる。

世紀の大スターへ

1931年(昭和6)に上演された「万華鏡」の役名から「ターキー」という愛称が生まれたが、松竹内で巻き起こった労働争議「桃色争議」の議長にまつり上げられて、謹慎処分に。しかし水の江が不在の松竹少女歌劇に客は入らず、焦った松竹は大作「タンゴ・ローザ」で復帰させるというエピソードもある。

　多くの有名人がターキーの礼賛者で、作家の佐藤愛子は少女時代に熱狂的なターキーファンであったという。森光子は最晩年テレビ番組で「タンゴ・ローザ」の主題歌を披露したことさえあった。

　戦後は日活映画のプロデューサーとして石原裕次郎、岡田真澄などを発掘し、テレビ草創期からタレントとしても大活躍した。

モダンにスマートに

松竹少女歌劇団のスターたち

1928年（昭和3）に浅草の松竹座で初公演が行われた松竹楽劇部には、群を抜いた人気のターキーのほかにも多くのスターがおり、豪華な舞台を展開していた。

山の手のお嬢様向けの宝塚少女歌劇団とは対照的に、下町の娘さんの人気を一手に引き受けていた松竹少女歌劇団というのが、当時の人々の認識であった。また歌手陣に厚かった宝塚に対して、バレエ、ジャズダンス、日本舞踊、タップなど、踊り手を揃えていたのが松竹の強みであり、舞踊教師として高田雅夫、高田せい子、声楽教師として天野喜久代が就任し指導にあたった。

戦前には松竹少女歌劇を略し「SSK」と称していたこともあり、1937年（昭和12）にはホームグラ

オリエ津阪［おりえ・つさか］

1912年（明治45）～2003年（平成15）。秋田県出身。1930年（昭和5）に松竹楽劇部2期生として入部し津阪織江と名乗っていたが、労働争議のために舞台に立てなかったターキーの後釜として抜擢されスターに仕立てられた。日本舞踊を得意として、ターキー・オリエ時代を築き上げた。

多くの取り巻きがいて朗らかだったターキーとは対照的に、静かで上品な人柄だったという。

多くの娘役が映画界に転身するなか、舞台一筋に生きたSSK初期の娘役では最大のスターであった。1933年（昭和8）頃撮影。

小倉みね子［おぐら・みねこ］

1914年（大正3）～2006年（平成18）。大阪府出身。1929年（昭和4）松竹楽劇部入部、当初は男役も演じていたが、成長とともに女性らしい美しさが際立ち、ターキーの相手役をつとめた娘役スター。上品で清楚ながらも親しみやすいキャラクターで、男子学生に絶大な人気を誇った。

吉川秀子［よしかわ・ひでこ］

1912年（明治45）～没年不詳。京都府出身。当初は、浅草オペラのスターであった高田雅夫舞踊団のメンバーとして初舞台を踏んだのち、1929年（昭和4）松竹楽劇部に入部。清純派の小倉みね子に対して、大人の女性の魅力で観客を圧倒した。

戦後まで続く「踊りの松竹」の伝統を作り上げた最初期の舞踊家のひとり。1933年（昭和8）頃撮影。

ウンドとして浅草国際劇場が完成。よりスケールの大きい舞台を繰り広げた。

西條エリ子［さいじょう・えりこ］

1913年（大正2）～没年不詳。舞台映えのするエキゾティックな表情が魅力的であった娘役スター。一時は絶大な人気を集めたが、1935年（昭和10）には日活に移籍し映画「緑の地平線」でデビューを果たすが、映画女優として成功することはなく芸能界を引退した。夫の兼松廉吉は水の江瀧子のマネージャーとなった。

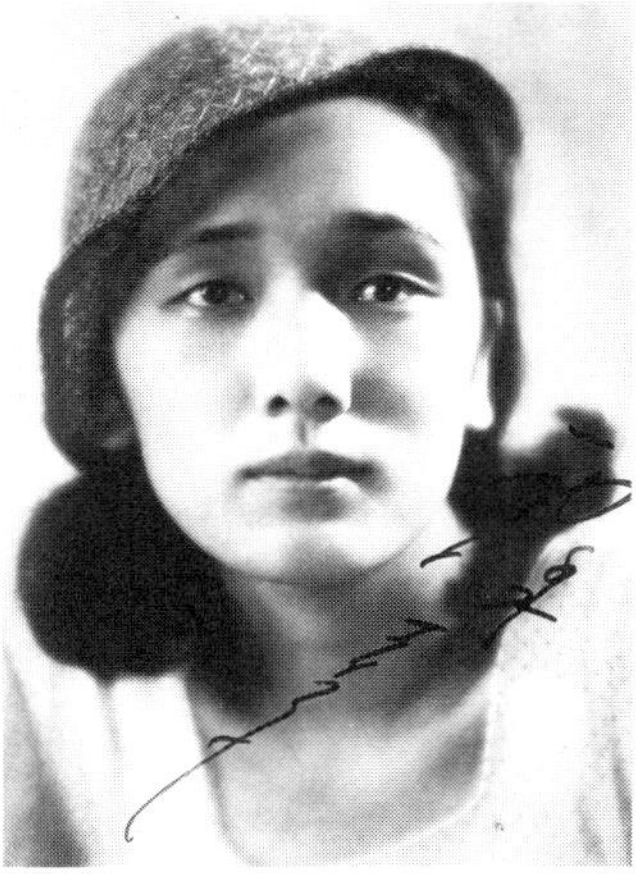

舞台では垢ぬけたエキゾティックさで人気を集めていたが、映画では大成できなかった。1932年（昭和7）頃撮影。

舞台やレコードではジャズやシャンソンなどを歌い、東宝映画の女優として多くの作品に出演をした。1938年（昭和13）頃撮影。

江戸川蘭子［えどがわ・らんこ］

1913年（大正2）～1990年（平成2）。東京府出身。日本劇場養成所で学んでいたが、1932年（昭和7）それまで手薄だった声楽陣強化のために松竹少女歌劇に入団。小林千代子とともに美しい歌声で観客を魅了し、のちにはビクター専属の流行歌手として活躍した。

レビューの世界ではスターであったが映画では中堅どころとして活躍。スターの座に躍り出ることはできなかった。1932年（昭和7）頃撮影。

大塚君代［おおつか・きみよ］

1914年（大正3）～没年不詳。東京府出身。1930年（昭和5）東京松竹楽劇部に入部し、「青い鳥」では水の江瀧子とともにチルチル・ミチルを演じたほどの注目の新人であった。1933年（昭和8）に映画女優に転身。鳴り物入りで松竹から「ラッパと娘」で映画デビューを果たすが、以後は脇役として活躍した。

桃色争議とは？

労働基準法は存在したものの労働者へ対する意識が低かった時代、すべての舞台関係者は悪い環境の中で労働することを余儀なくされていた。しかし松竹専属のオーケストラ楽士たちの不満が爆発したことを発端に、松竹楽劇部のレビューガールが中心となって1932年（昭和7）労働争議が行われた。

水の江瀧子と飛鳥明子のスター2人を争議委員長として派手に行われた演説は広くメディアを賑わせることになり、この騒動は「桃色争議」と名付けられた。会社側は反旗を翻したスターたちが謹慎中に新たなスターの育成を試みるが、世紀の大スター水の江瀧子が不在の松竹楽劇部に観客は集まらず、1933年（昭和8）水の江瀧子を復帰させ騒動は終結、松竹少女歌劇団と改称を行った。

大阪モダニズムの象徴となった
松竹楽劇部

松竹楽劇部名物「春のをどり」の一場面。ファンにはお馴染みのテーマソング「桜咲く国」が歌われた。1930年（昭和5）撮影。

松竹楽劇部が華やかに演じたレビュー「松竹大レビュー」。1930年（昭和5）上演。中央に立つのは衣笠桃代。

歌舞伎、演劇、オペラなどを手がけ興行界の大会社であった松竹合名社が1922年（大正11）、新たなジャンルへの取り組みとして創設されたのが松竹楽劇部であった。

少女歌劇ブームの波に乗って、宝塚少女歌劇団でキャリアを積んでいた松本四郎、原田潤（音楽）、楳茂都《うめもと》陸平《りくへい》（舞踊）らの教師陣を迎え、バレエを基調とした公演が大阪道頓堀《どうとんぼり》の松竹座で行われるようになった。

今も続く関西の伝統劇団

この松竹楽劇部は、1928年（昭和3）に東京松竹楽劇部が創設されたことによって大阪組と東京組と明確に分けられて、大阪松竹少女歌劇（通称OSK）と改称し、現在のOSK日本歌劇団へと連綿とレビューの伝統が受け継がれている。

松竹楽劇部の一番最初のスターといえばバレエの名手としてセンターを引き受けていた飛鳥明子で、衣笠

飛鳥明子［あすか・あきこ］

1907年（明治40）～1937年（昭和12）。創設期の松竹レビュー最初の大スター。バレエの名手としてその才能を開花させ、舞台への真面目な姿勢によって絶対的な地位を獲得した。1933年（昭和8）に起こった労働争議「桃色争議」の大阪組委員長に就任したことによって（東京組は水の江瀧子）、解決後には解雇され、間もなく夭逝した。

◉バレエシューズが簡単に手に入らなかった時代、足先に包帯を巻いて血をにじませながらバレエの稽古に打ち込んでいたという。1930年（昭和5）頃撮影。

◉戦後大口を開けてブギウギを歌う姿が強烈で印象的だが、娘らしい笠置シズ子もなかなかカワイイ。1933年（昭和8）頃撮影。

三笠静子［みかさ・しずこ］

1914年（大正3）～1985年（昭和60）。香川県出身。1927年（昭和2）大阪松竹楽劇部に入部、1933年（昭和8）頃から頭角を現しはじめるが、三笠という芸名が畏れ多いという理由から1935年（昭和10）笠置シズ子と改名。新時代のレビュースターとして異彩を放つ。戦後「東京ブギウギ」「買物ブギ」などを歌い一時代を築いたことは周知のとおり。

◉颯爽としたモダンさが際立っている若山千代（右）と瀧澄子（左）。モダン大阪の象徴的存在であった。1933年（昭和8）頃撮影。

若山千代［わかやま・ちよ］

1911年（明治44）～没年不詳。大阪府出身。日本のジョセフィン・ベーカーとして売り出されたダンサーで、スマートでスタイルの良さから大変な人気を集めた。素顔も社交ダンスが趣味というモダンガールであった。

瀧澄子［たき・すみこ］

1909年（明治42）～没年不詳。大阪府出身。常にセンターに立つ飛鳥明子を支え、若山千代とともに松竹楽劇部の創設期を支えた大スター。洋舞ばかりではなく、日舞、歌、芝居と器用にこなし、楽劇部の舞台にはなくてはならない人であった。

桃代、瀧澄子、河原涼子などのスターが黎明期を支えた。1930年代半ばの甘美な少女歌劇黄金期に差しかかると、柏晴江、アーサー美鈴、秋月恵美子、芦原千鶴子という新スターが注目を浴び、この時代に活躍していた三笠静子という生徒はのちに笠置《かさぎ》シズ子となる。

戦前から戦後へと橋渡しの役割を担った。

そもそも「モガ」って？

昭和初期に花開いたモダン都市文化の象徴として「モガ」という言葉がよく使われているが、そもそも「モガ」という言葉は「モダンガール」の略称であり、大正後期から一般的に使用された言葉である。

洋装に身を包んだ女性をさす総称として使用されがちであるが、1932年（昭和7）刊行の『モダン新語辞典』（金龍堂）をひもといてみると、「断髪と洋装と『アメリカニズム』と『マルキシズム』をカクテルにしたような近代娘」と解説されている。ちょっとまわりくどい言い回しであるが、性に開放的な享楽主義者で政治思想にも関心があるフラッパー娘ということで、ただのお洒落好きなお嬢さんを意味する言葉ではなかったことがわかる。

永遠に輝く夢の花園

お丶宝塚少女歌劇団

宝塚少女歌劇団の男役スターが勢揃い！　娘役の久美京子の右に奈良美也子、葦原邦子、左に小夜福子。その他、戦前のレビュー黄金時代を築き上げた立役者たち。1936年（昭和11）頃撮影。

いつの時代も憧憬の的

1914年（大正3）に創設された宝塚少女歌劇団はお伽歌劇の上演を行った大正期を経て、1927年（昭和2）に上演した日本初のグランドレビュー「モン・パリ　吾が巴里よ！」（岸田辰弥作）で絶対的な人気を不動のものにした。

若き日にはタキシードを着用して、輸入されたばかりのシャンソンなどを歌った。1933年（昭和8）頃撮影。

天津乙女［あまつ・おとめ］

1905年（明治38）～1980年（昭和55）。東京府出身。1918年（大正7）年の入団から長きにわたって宝塚歌劇団を支え、「宝塚の至宝」とも称された大スター

1930年（昭和5）に上演された「パリゼット」（白井鉄造作）では宝塚のテーマソングとして現在も歌われている「すみれの花咲く頃」「お丶宝塚」が歌われ、今に続く宝塚歌劇の礎《いしずえ》を築いた。それまで頭髪を束ねて帽子の中に隠して舞台をつとめていた男役スターは潔く断髪となり、「モン・パリ」に憧れて宝塚に入団した若き女性たちが1930年代の宝塚少女歌劇団を支えた。また当時、最新のジャズ、シャンソン、タンゴなどの洋楽にふれられる一番身近な場所が宝塚であったことから、音楽ファンも音楽を覚えるために通ったという証言も残されている。

ひしめいていた大スターたち

昭和初期の「モン・パリ」時代を飾ったスターといえば、大正期から活躍していた天津乙女、奈良美也子、門田芦子、巽寿美子などの男役スターで、娘役としては紅《くれない》千鶴、浦野

◆もともとタカラヅカは入場無料だった!?

1914年（大正3）に初公演を行った宝塚少女歌劇団であるが、なんと草創期には入場無料で楽しめたのだった。

当時のプログラムには「たゞでみられる」というフレーズが印刷されており、正月・春・夏・秋の4期公演、しかも観客が一定数に満たない場合は上演中止という、のんびりしたものだった。しかし現在とは違って、楽器演奏も出演者の生徒たちによって行われたので、とにかく忙しい舞台裏だったという。

◉戦前の平和な時代を象徴するような小夜福子の姿。多くの女学生たちの夢の貴公子であった。1938年（昭和13）頃撮影。

小夜福子［さよ・ふくこ］

1909年（明治42）〜1989年（平成元）。宝塚少女歌劇11期生として1922年（大正11）に初舞台を踏んだベテランであったが、1930年代中期から頭角を現しスターダムに。その愛らしい姿は多くのファンから親しまれて、戦前宝塚を語る上で最高のスターとなった。戦後は新劇女優としても足跡を残している。

◉1939年（昭和14）には画家の中原淳一との結婚のために退団。当時のファンたちを驚かせた。1935年（昭和10）頃撮影。

葦原邦子［あしはら・くにこ］

1912年（大正元）〜1997年（平成9）。宝塚少女歌劇18期生。宝塚時代から絵筆を握り、あだ名は「アニキ」。その高い歌唱力は男子学生たちからも人気を集めた。

◉多くの少女たちが奈良美也子が出演した「モン・パリ」の舞台に憧れて、少女歌劇の世界に飛び込んだ。1935年（昭和10）頃撮影。

奈良美也子［なら・みやこ］

1907年（明治40）〜2000年（平成12）。宝塚歌劇のレビュー時代の最初期を支えた花組スター。レコードで「モン・パリ」を創唱し、昭和初期にはプロマイド売り上げナンバー1を記録した。女学生が手紙を書く際、「小夜奈良＝さよなら」という言葉が広く使用された。

まつほなどが人気を集めていたが、頭角を現してきた小夜福子、新人であった葦原邦子の登場によって一躍「小夜・葦原時代」を築き上げた。また1934年（昭和9）に東京宝塚劇場の開場も重なったことで、より一般的な娯楽として多くの人々に親しまれることになる。

大戦前夜を彩る たからぢぇんぬたち

1938年（昭和13）「秋の歌劇読者大会」内、「宝塚軍国譜」のひとコマ。「軍国譜」にもかかわらず、その様子を微塵も感じさせないタキシードとドレス姿が興味深い。右から春日野八千代、二條宮子、佐保美代子。

春日野八千代［かすがの・やちよ］

1915年（大正4）～2012年（平成24）。宝塚少女歌劇団18期生。1929年（昭和4）の初舞台から約80年、96歳で亡くなるまで活躍した宝塚歌劇団を象徴する大スター。その甘美な舞台姿から「白薔薇のプリンス」と賞賛され、主役級で活躍し続けた唯一無二の存在。

園井恵子［そのい・けいこ］

1913年（大正2）～1945年（昭和20）。宝塚少女歌劇団19期生。小夜・葦原に次ぐスターとして数々の作品に主演したのち、退団後は1943年（昭和18）公開の映画「無法松の一生」に出演し映画女優としても新境地を開拓。戦時下だったことから移動演劇隊櫻隊で広島へ出向いた際に原爆の被害に遭い、原爆病で死亡した。

宝塚少女歌劇時代には男役として人気を集めていた園井恵子。人柄の良さがにじみ出ているような笑顔が印象的。1938年（昭和13）頃撮影。

1938年（昭和13）にはヨーロッパ公演、1939年（昭和14）にはアメリカ公演を実現させると、帰朝後逐一舞台に反映させてよりスタイリッシュでアメリカナイズされたショーも続々と上演。

小夜・葦原のほか、脚が長く舞台映えした佐保美代子、笑顔が素敵な園井恵子、渋さが魅力の楠かほるらが人気を集めていたが、そのなかでも特別な存在だったのは春日野八千代ではないだろうか。1929年（昭和4）年の初舞台以来、96歳で亡くなるまで、常に二枚目の主役として存在し、今も宝塚歌劇団史の中で燦然と輝き続けている。

これらのスターたちが第2次世界大戦前夜の平和な時代を美しく飾り、宝塚第一次黄金期を築き上げるのであった。

娘役スター

今でこそ男役スターが一番の花形

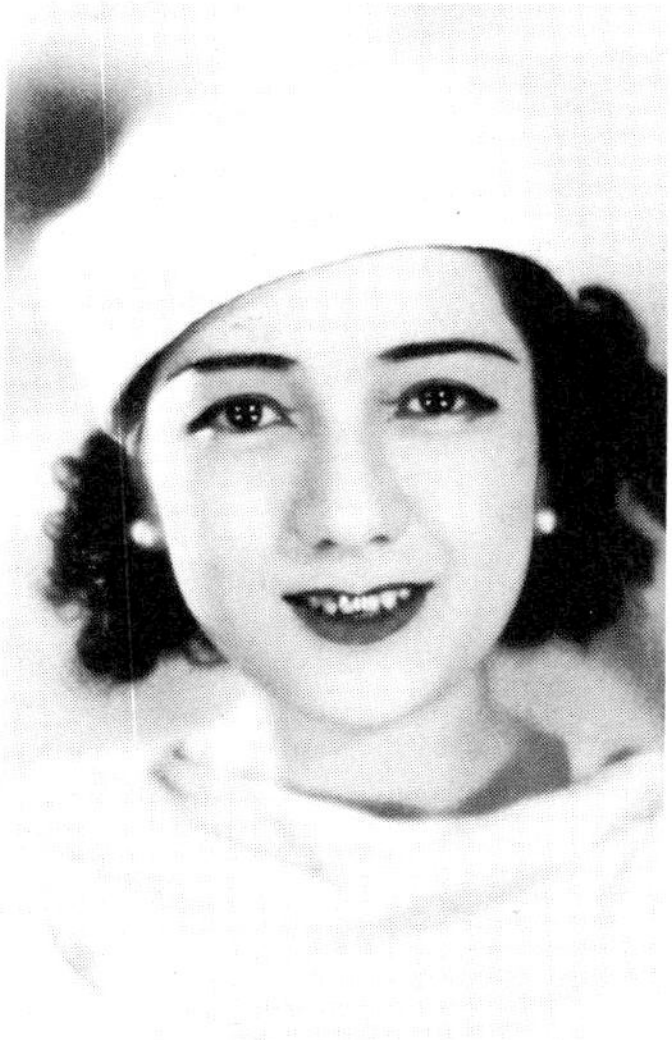

◉宝塚歌劇団の歴史のなかでも伝説の美人娘役スター。小夜福子とのコンビはみずみずしく美しかった。1935年（昭和10）頃撮影。

轟夕起子［とどろき・ゆきこ］

1917年（大正6）～1967年（昭和42）。宝塚少女歌劇団21期生。その上品で清純な美貌で早くから頭角を現し、トルコの愛称で娘役スターとなる。1937年（昭和12）には宝塚を退団し日活に入社。以後は映画女優、またテイチク専属の流行歌手として人気を集めた。

草笛美子［くさぶえ・よしこ］

1909年（明治42）～1977年（昭和52）。宝塚少女歌劇団16期生。1927年（昭和2）上演の「モン・パリ」で初舞台を踏む。「歌う宝塚」の名を決定的にした声楽専科の華として、数多くの舞台で主役をつとめた大スター。宝塚退団後は東宝劇団でエノケン一座と共演のほか、映画「歌ふ狸御殿」にも出演した。

◉1934年（昭和9）上演「トゥランドット姫」に主演する草笛美子。類まれな美貌とその歌声は戦前宝塚のなかでも異彩を放っていた。

◉戦前の少女趣味を深く感じさせる衣装を身に着けた桜緋紗子。清純な娘役から妖艶な役柄まで広くこなした。1935年（昭和10）頃撮影。

桜緋紗子［さくら・ひさこ］

1914年（大正3）～2002年（平成14）。宝塚少女歌劇団19期生。1930年（昭和5）「春のをどり」で初舞台を踏み、1935年頃から人気を集めるようになり葦原邦子の相手役として多くの舞台をともにした。退団後は映画、新派などに出演したが、1965年（昭和40）には出家し、尼僧としての人生を歩み始める。

であるが、レビュー時代以降には派手に着飾った美しい娘役スターたちが続々と登場して、娘役スターに熱狂する男子学生も多く劇場に詰めかけたという。

当時の代表的な娘役スターには桜緋紗子、久美京子、藤花ひさみ、二條宮子などのほか、歌声で存在感を放った声楽専科の浦野まつほ、草笛美子、三浦時子、橘薫、糸井しだれ、少女役の秩父晴世、月野花子、海原千里、松島喜美子などなど、枚挙にいとまがないほどのスターが在籍していた。

宝塚少女歌劇出身の女優たち

1914年（大正3）に創立した宝塚歌劇団だが、芸能界に多くのスターを輩出した劇団であることは周知のとおり。1920年代の映画界にはすでに関守千鳥（東栄子）、和田久子が松竹女優として人気を集め、泉蘭子が澤蘭子の名でスクリーンに登場し、「籠の鳥」で一世を風靡。また舞台では初瀬音羽子は新国劇、筑波峰子はレビュー劇団・カジノフォーリーに参加した。

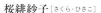

コラム 戦前のイケメン映画俳優たち

スクリーンのなかで微笑む美女あれば、そのかたわらには美男俳優あり。今から80年以上前の二枚目俳優といわれた男優たちはどんな雰囲気だったのだろうか。草食系？ 肉食系？

女優に劣らず、神秘的で清潔感あふれる男優たちが多く存在していた。

洋服のモダンボーイ的着こなしも見どころである。

岡田時彦［おかだ・ときひこ］

1903年（明治36）～1934年（昭和9）。神奈川県出身。1920年（大正9）、谷崎潤一郎も関係していた映画会社・大正活映に入社し映画デビュー。大正後期からその圧倒的な美男子ぶりが注目を浴びるようになり、小津安二郎監督の名作「東京の合唱」などに主演。30歳の若さで夭逝した。

この神秘的なまなざしに悩殺される女性は今も多く存在する。女優の岡田茉莉子は実娘。1930年（昭和5）頃撮影。

林長二郎時代の長谷川一夫。「長さん」の愛称で親しまれ、その美しい流し目は多くの女性ファンを虜にした。1930年（昭和5）頃撮影。

長谷川一夫［はせがわ・かずお］

1908年（明治41）～1984年（昭和59）。京都府出身。中村鴈治郎に師事し、1927年（昭和2）松竹キネマに入社し、林長二郎の名で映画「稚児の剣法」において主役デビュー。以後、常に芸能界の頂点に君臨し、日本映画史上最高の二枚目と称されている。

早川雪洲[はやかわ・せっしゅう]

1886年（明治19）～1973年（昭和48）。千葉県出身。1907年（明治40）に渡米し、1914年（大正3）ハリウッドにおいて映画「タイフーン」でデビューを果たすと、ハリウッド映画草創期を代表するスターとして歴史に名を刻んだ。帰国後は映画にとどまらず舞台俳優としても大活躍した。

◉ハリウッド俳優として世界映画史に名を残す早川雪洲のダンディな姿。1935年（昭和10）頃撮影。

高田稔[たかだ・みのる]

1899年（明治32）～1977年（昭和52）。秋田県出身。石井漠門下の浅草オペラ俳優・高田昇として初舞台を踏み、1924年（大正13）映画俳優に転身したことでスターの仲間入りを果たす。若き日の小津安二郎映画にも主演し、爽やかな青年役で一時代を築いた。

◉現代的で爽やかなルックスは、今でも古さを感じさせない。後年も紳士的な役柄がよく似合っていた。1928年（昭和3）頃撮影。

鈴木傳明[すずき・でんめい]

1900年（明治33）～1985年（昭和60）。東京府出身。1921年（大正10）松竹キネマ研究所「路上の霊魂」で映画デビュー。学生時代に水泳の選手だったことからスポーツマン俳優として一世を風靡し、1920年代の青春を爽やかに飾った。

◉左から鈴木傳明、岡田時彦、高田稔。1932年（昭和7）に3人で映画会社・不二映画社を設立する際に撮影したもの。

尾上松之助［おのえ・まつのすけ］

1875年（明治8）～1926年（大正15）。岡山県出身。日本初の映画スター。1909年（明治42）に「碁盤忠信」で映画デビューしてから亡くなる1926年（大正15）の間に1000本以上の映画に主演するという驚異的な記録を持つ。見得を切る際に目をむくことから「目玉の松っちゃん」と称された。

◉時代を感じさせる羽織袴の正装。忍術映画のスターとして「猿飛佐助」「霧隠才蔵」などに出演する姿は子どもたちのヒーローとして今や伝説の存在に。1918年（大正7）頃撮影。

大河内傳次郎［おおこうち・でんじろう］

1898年（明治31）～1962年（昭和37）。福岡県出身。関東大震災後から新国劇の俳優だった倉橋仙太郎が主宰する新民衆座の研究生として俳優活動をはじめたが、1926年（大正15）に日活に入社し時代劇スターとして売れっ子となる。「忠次旅日記」「血煙高田馬場」をはじめ人気作に続々主演し、独特なスタイルが魅力の「丹下左膳」は一世を風靡した。

阪東妻三郎［ばんどう・つまさぶろう］

1901年（明治34）～1953年（昭和28）。東京府出身。少年時代から歌舞伎役者として活動するも芽が出ず、関東大震災後、マキノキネマに入社した頃から注目を集めるようになり、1925年（大正14）に主演した映画「雄呂血」で人気は不動のものとなる。水も滴るような剣豪振りがチャンバラファンを熱狂させ「バンツマ」の愛称で親しまれた。代表作に「雄呂血」「無法松の一生」「王将」など多数。田村高廣、田村正和、田村亮三兄弟の実父。

◉バンツマは人柄の良さから多くの人々に愛され、現在もファンが多数存在する。1926年（大正15）頃撮影。

第6章

活動写真からトーキー映画へ

キネマ旬報の美人コンクール入選者から映画界入りした濱口富士子（1909～1935）。新しい女性の社会進出の姿でもある。1930年（昭和5）頃撮影。

日本でサイレント映画が確立された大正時代を経て、新しい「昭和」へ。
涙にむせぶ悲劇のヒロインから、
洋服を着こなし銀座の街角を闊歩する
モダンガールが続々と登場。
モダン都市文化を華やかに彩った。

遂に出現！華族出身のエレガント女優
入江たか子

◉それまでの映画女優には見られない挑発的なまなざしとカッコよさは、ひとつのエポックとして特筆されるものである。1930年（昭和5）頃撮影。

◆活動写真からトーキー映画へ

活動写真弁士が花形だったサイレント映画時代から、俳優たちが自ら声を発声するトーキー映画へと時代が移り変わると、映画界の雰囲気も大きく変貌を遂げた。それまで玄人の職業であった芸能界には、美人コンテストの入賞者、良家の子女、レビューガール、カフェーの女給などが加わり、伝統にとらわれない爽やかな空気に包まれる時代となった。

◆美人女優ナンバーワン！

日本映画史の第一次黄金時代、その歴史のなかに燦然と輝く美女の誉《ほま》れといえば入江たか子をおいてほかにないだろう。入江たか子は1911年（明治44）に華族の東坊城《ひがしぼうじょう》家に生まれ、姉は大正天皇皇后の女官という特権階級のお姫様として育てられた。

文化学院を卒業後、1927年（昭和2）に日活に入社し「けちんぼ長者」で映画デビューを果たすことになると、子爵令嬢の映画界入りに世間は騒然となった。しかも、それまで洋服を着こなす女優が皆無に近かったところに、スカートを翻して堂々とハイヒールを履いて近代的な街を闊歩する姿は多くの男性の注目

右◉フラッパーなモガからエレガントに変身した入江たか子。戦前女優最高位の美の極みをみるようである。眼福。1935年（昭和10）頃撮影。
左◉派手に着飾らず、何気なくとったポーズにも品が漂う1枚。1933年（昭和8）頃撮影。

◉ファッショナブルでスマートな姿は男性のみならず、女性の憧憬の的でもあった。現代における美脚モデルの元祖でもある。1932年（昭和7）頃撮影。

入江たか子［いりえ・たかこ］

1911年（明治44）～1995年（平成7）。東京府出身。1927年（昭和2）華族から映画界入りしたことで世間を騒然とさせ、モダンガール女優として絶対的な地位を獲得する。戦後は化け猫映画に主演し、また後年は「病院坂の首縊りの家」、「時をかける少女」などにも出演した。

を浴びるところとなり、スクリーンのなかで煙草をふかしながら男を弄ぶ様子は性の解放にもつながっていった。

◆ファッションリーダーへ

細く長い眉、付けまつげ、真っ赤な口紅、ハリウッドの影響を大きく受けた入江たか子のキャラクターは、一般的になりはじめたモダンガール、通称モガのファッションリーダーとして絶対的な存在になった。

華族とは？

1869年（明治2）から1947年（昭和22）まで存在した特権階級で、1884年（明治17）に華族令が制定されたことにより無試験で学習院への入学や皇族との結婚が許された日本の貴族である。公爵、侯爵、伯爵、子爵、男爵と五階級あり、公卿などの由緒正しい家柄、政治家などに爵位が与えられたのであった。なお、日本初の華族出身の映画女優である入江たか子は菅原氏を先祖とする子爵・東坊城家出身で、父の東坊城徳長は貴族院議員だった。

清純派女優の象徴

夏川静江

◈おとなしやかに微笑む水着姿の夏川静江。1930年代初頭、夏川の水着姿は多くの映画雑誌のグラビアを飾り、夏の風物詩的存在であった。1930年（昭和5）頃撮影。

◆子役からのスタート

１９３０年代初頭に発行された映画雑誌のグラビアの数々を、水着姿で飾ったスターといえば夏川静江を思い浮かべることができる。夏川静江は１９０９年（明治42）東京府生まれ、日比谷公園で遊んでいるときに声をかけられて、１９１６年（大正5）に上山草人が主宰する近代劇協会の舞台で子役デビュー。

そして１９１９（大正8）には日本初の女優が起用された映画とされている映画芸術協会「生の輝き」にも出演しているということで、まさに新劇や映画史の黎明期《れいめいき》を生きた稀有な存在であった。その後、岡田嘉子が在籍していた舞台協会に参加し、新劇や児童劇などで知られるようになった。

◆モガ女優の時代

当初は舞台を中心とした活動が目

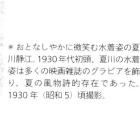

左◉典型的なモダンガールの冬姿。神秘的なまなざしが美しい。1928年（昭和3）頃撮影。
右◉日活入社第1回作品「彼をめぐる五人の女」の一場面。日本髪を結った左の女優は帝劇出身の原光代（1902〜？）。原節子の姉である。1927年（昭和2）撮影。

夏川静江［なつかわ・しずえ］

1909年（明治42）〜1999年（平成11）。東京府出身。上山草人に見出され1916年（大正5）に子役としてデビューを果たし、その後、岡田嘉子とともに舞台協会の看板女優として活躍後、1927年（昭和2）に日活より映画デビュー。洋服を着こなす清純派女優として絶大な人気を誇った。

立つが1927年（昭和2）に日活の専属女優となったことによって映画女優としての道を歩みはじめることになる。アメリカ式のフラッパーなモガ・入江たか子に対して、女学生を思わせるような清純派女優で売り出され、一時は日活映画のトップ女優として君臨していた。

戦後は母親役専門として、どこか品のある優しい役どころで長く活躍した。

岡田嘉子のために泣いた夏川静江

1927年（昭和2）の岡田嘉子・竹内良一の失踪事件は大きな問題となって、当然のことながらふたりが所属していた日活社内を掻きまわす形になったのだが、一番の問題は「椿姫」の撮影中、しかも主役のふたりが失踪したことがより混乱を大きくさせたといえる。

そこで急遽、岡田嘉子の代役として白羽の矢が立ったのが岡田とは子役時代からのおさななじみであった夏川静江であったが、なにしろ椿姫は娼婦。清純派の娘役であった夏川は泣きながら撮影にのぞんだが、皮肉にも夏川が演じた椿姫は大好評で新境地を開拓することとなった。

ベビーフェイスの人気は今も根強い!?
市川春代

戦前にも女優のセーラー服プロマイドは人気の高いファンアイテムであった。珍しいタイの結び方をしている。1932年（昭和7）頃撮影。

これぞモガの夏姿！　スタイルが良かったことから洋装がキマっている。1932年（昭和7）頃撮影。

黒木しのぶ（左）とともに京都・都ホテルにて撮影。戦前の平和で豊かな時代を垣間見ることができる1枚。1932年（昭和7）頃撮影。

市川春代［いちかわ・はるよ］

1913年（大正2）～2004年（平成16）。長野県出身。1925年（大正14）、日活に入社し13歳で子役デビューを果たす。モガ全盛期になると入江たか子らの妹的存在として人気を集め、舌っ足らずでコケティッシュなセリフ回しが印象的だった。入江、夏川なき日活のトップ女優して活躍した。

和製ベティブープ

入江たか子、夏川静江らに続くモガ女優として、１９３０年代の日活を彩った代表的女優のひとりが市川春代であった。市川春代は１９１３年（大正3）長野県に生まれ、１９２５年（大正14）に日活に入社して映画デビューを果たす。

撮影所のマスコットとして「ハル坊」と可愛がられた子役時代を経て、１９３０年（昭和5）モダニズム時代の先端をゆく映画「銀座セレナーデ」でモガ女優として売り出す。トーキー時代が到来すると、ベビーフェイスでおちゃっぴい、どこかコケティッシュなセリフ回しが人気となり、日活を支える人気女優となった。

戦後は「君の名は」や「ウルトラセブン」などでも母親役として出演し長く女優生活を送った。

先端をゆくもの

モダンガール女優たち

日本髪は時代遅れと、日本女性の命とされてきた烏の濡れ羽色の黒髪をさっぱりと短くし、活動的でファッショナブルなショートヘアにシックな洋装。紫煙《しえん》をふかしながら取り巻きの男たちを挑発するという大胆さ、ダンスホールでチャールストンやタンゴを踊って、自分の時間を思う存分楽しむ、スクリーンのなかにおける道徳観皆無のモガは多くの人々の度胆を抜いた。

龍田静枝［たつた・しずえ］

1903年（明治36）～1962年（昭和37）。山形県出身。1924年（大正13）小笠原プロダクションから映画デビューし、1927年（昭和2）松竹キネマに入社したことによって人気女優の仲間入りを果たす。満艦飾のギラギラしたモガ女優として異彩を放っていたが、映画のトーキー化になじむことができず引退した。

◉奔放なモガを演じてはいたが、当時の映画界では松井千枝子とともに能筆家で知られていた。1929年（昭和4）頃撮影。

◉「マダムと女房」では純日本女性の田中絹代に対し、近隣の迷惑を顧みずジャズ音楽を楽しむマダム役を好演した。1930年（昭和5）頃撮影。

伊達里子［だて・さとこ］

1910年（明治43）～1972年（昭和47）。東京府出身。文化学院では入江たか子と同窓生であった。1929年（昭和4）に松竹キネマに入社し映画デビューすると、性に大胆で貫禄のある大人のモガとして売り出す。1931年（昭和6）には日本初の本格的トーキー「マダムと女房」に主演した。

松井潤子［まつい・じゅんこ］

1906年（明治39）～1989年（平成元）。東京府出身。松竹のマドンナ女優・松井千枝子の妹。舞台女優を経て、1925年（大正14）姉とともに松竹キネマに入社。正統派のヒロイン女優の姉に対して、溌剌としたイメージで売り出し「和製ギッシュ姉妹」と称された。野球選手の水原茂と結婚した。

◉どこか女優っぽくない女学生的雰囲気がスクリーンの上ではフレッシュな魅力であった。1930年（昭和5）頃撮影。

◉モダンを前面に押し出した映画「昭和時代」の一場面、鈴木傳明とともに。エキゾティックで謎めいた雰囲気が新時代を予感させた。1927年（昭和2）撮影。

柏美枝［かしわ・よしえ］

1904年（明治37）～1966年（昭和41）。東京府出身。昭和がはじまって間もない1927年（昭和2）突如として短めに刈り上げたボブヘアとエキゾティックな容貌で登場し、松竹映画「昭和時代」でデビュー。鈴木傳明とのコンビで数作の映画に出演したが、結婚のために引退した。

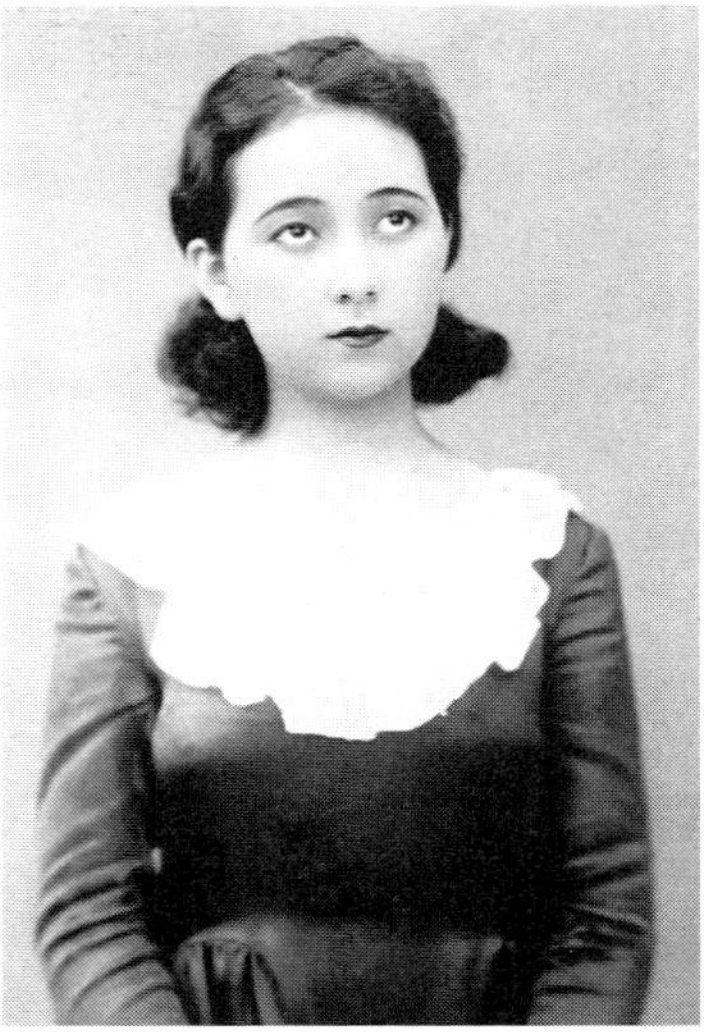

◉大女優ではなかったが1930年代初頭の松竹モダニズムの一端を担う存在であった。1931年（昭和6）頃撮影。

井上雪子［いのうえ・ゆきこ］

1915年（大正4）～2012年（平成24）。兵庫県出身。1929年（昭和4）大阪松竹楽劇部から鐘一子の名でレビューガールとしてデビューし、1930年（昭和5）松竹キネマに移籍。映画女優としての道を歩む。エキゾティックな容貌がモダニズム華やかな時代の作品に錦上に花を添えた。

モボ・モガ愛用の「モダン語」

昔も現在と変わらず流行語が存在し、時代に敏感な若者たちによって使用されてきたが、とくにモボ・モガの間で流行した「モダン語」は大きな文化として確立し、多くの書店からモダン語辞典が刊行されて、モボ・モガの必需品となった。

たとえば、当時の映画を観ていると出てくる「あの娘はシャンだね」という言葉。「シャン」とは「美人」という意味で大正時代から使用されているが、「とてシャン」（＝とてもシャン）、「すこシャン」（＝すこぶるシャン）などの関連語が造られ、しまいには不美人を「ウンシャン」「ドテシャン」などと称すると、当時の辞典には掲載されている。

◉恋愛事件の相手は俳優の高田稔。その後、家庭の人となって映画界を引退した。1930年（昭和5）頃撮影。

光喜三子［ひかり・きみこ］

1912年（明治45）～1977年（昭和52）。千葉県出身。1930年（昭和5）松竹キネマに入社し「ザッツ・オーケー」で映画デビューすると、若手女優として将来を嘱望された。1931年（昭和6）公開の「マダムと女房」も当初は光喜三子が配役されていたが恋愛事件のために失踪し、田中絹代が代役を演じた。

コラム

女性の職業から見えてくる近代

女優の前身の変遷

川上貞奴一座の女優であった芸者出身の花浦咲子（1887〜没年不詳）。

カフェーの女給であった坪内美子（1915〜 1985）。

芸者が女優に転身した時代

女優という職業が差別されてきたことは別項で述べてきているが、当初「女優」という職業は芸妓や女郎と同じ扱いを受けていたといっても過言ではなく、当時の言葉でいうところの「醜業婦《しゅうぎょうふ》」という扱いであったことは間違いない。素人の家の娘が女優に憧れること自体とんでもないことであり、勘当《かんどう》ものであった。

このような時代に帝劇女優としてデビューし、女優の権威的存在となった良家出身の森律子は、多くの批判を受けながらも舞台に立ち続けたが、女優であったということで大変悲しい思いをしたことがあった。

森律子の弟が学生時代、姉を学園祭のゲストに招くことを提案したところ「学校が穢《けが》れる」という理由から在校生たちから迫害を受けて、神奈川県において鉄道自殺を遂げる、という事件も起きたほどであった。その当時の「女優」という存在がどのようなものだったのか考えさせられる歴史的事実である。

花柳界出身の女優は千歳米坡、川上貞奴からはじまり、大正後期に登場した新橋芸者出身の筑波雪子、若葉照子までが全盛だったといえる。

カフェーの女給から映画女優へ

日本にカフェー文化が根付いたのは明治時代であるが、大正から昭和初期にかけて全盛を極めることになる。花柳界で遊ぶ場合は結構な資金がかかるが、カフェーやバーで飲食する場合は芸者遊びをするより安価ですませることができたのが魅力のひとつであった。

そんなカフェーには映画会社のスカウトマンが忍びこんでおり、大正後期に松竹に入社した千葉緑や1933年（昭和8）に松竹からデビューしサイレント映画の後期を飾ったスター・坪内美子（1915〜1985）は銀座一流の女給であり、素朴な娘役で売り出したのとは裏腹に女給時代には孔雀を名乗る華やかな存在であった。

夜に咲く酒場の花・女給のはなし

明治後期に登場したカフェーは、当初多くの文化人が集う文化の発信地であったが、時代を経て敷居の低い店が乱立するようになると底辺で生きる女性たちのセーフティネットになっていった。

　女給は、白いエプロン姿がユニホームであった。関東大震災後から昭和初期までが女給の大全盛期といわれており、名店の人気女給は雑誌グラビアにも登場し、広津和郎作の小説『女給』は映画化され、羽衣歌子が歌う主題歌も大ヒットした。「♪女いとしやただ諦めて　辛い浮世に赤く咲く　雨が降る降る今夜も雨が……（女給の唄）」の歌詞にあるとおり、今も昔も水商売は華やかなだけではなかった。

◉美人コンテストの入賞から大阪松竹楽劇部に入部した山路ふみ子（1912～2004）。

◉トーキー映画黄金時代に活躍したダンサー出身の桑野通子（1915～1946）。

モダン時代のスクリーンを彩る

昭和に入るとジャズ、タンゴ、ワルツ、フォックストロットなどのダンス音楽が都市部の若者たちに受け入れられるようになり、東京でも多くのダンスホールが開場し、モボとモガの社交場として1940年（昭和15）に全面閉鎖されるまで、多くの文化を発信していた。カフェーの女給出身の一流女優は数えるほどしか存在しないが、1935年（昭和10）頃にはダンスホールのダンサー出身の映画女優が数多く登場し、モダン時代のスクリーンを飾った。

　東京一の格式を誇った赤坂フロリダの出身者として桑野通子がおり、新橋ダンスホールからは高杉早苗、また星玲子などなどが人気どころで、その他、数本の作品のみで映画界を引退したダンサー出身女優はたくさん存在していたのである。

レビューガールから映画界へ

宝塚少女歌劇団、松竹少女歌劇団、大阪松竹少女歌劇団という三大歌劇団が存在していたが、ここで多くを語らずとも、数えきれないほどのスターたちが芸能界入りをして今も活躍を続けている。

　しかし歌劇時代の名声に勝る人気を集めて、映画界で大きな足跡を残したスターはごく一部の代表的な人々にすぎないといえる。歌劇時代に芽が出ず、映画に転身したことでスターの座に君臨した女優としては、松竹の逢初夢子、水久保澄子、井上雪子、高津慶子、またのちに山路ふみ子文化財団の設立で知られることになる山路ふみ子もそのひとりであるといえる。

伏見直江［ふしみ・なおえ］

1908年（明治41）～1982年（昭和57）。東京府出身。養父が俳優だったことから幼くして舞台に立ち、築地小劇場の研究生、帝国キネマ、阪妻プロダクションを経て、1927年（昭和2）に日活入社。それまでの娘役が一転、特異な風貌に身を包んだ猛婦女優として一世を風靡する。女優の伏見信子は妹。

◉伏見直江の独擅場であるお転婆ぶり。普段からさっぱりと男言葉を使用していたという。1930年（昭和5）頃撮影。

◉ざんばら髪に刺青、ピストルを片手にとったポーズが伏見直江らしい1枚。男性スターを相手に莫連を演じるさまは女性たちの憧れでもあった。1930年（昭和5）頃撮影。

女だてらに莫連を演じた「猛婦」女優 伏見直江

片手にピストル、片手に徳利

1908年（明治41）、東京府深川生まれ。幼い頃から養父が組織していた正義団という旅回りの一座で初舞台を踏んだとされている。新派を上演していた深川座の舞台ではざんぎり頭に刈り上げて少年役を演じ、男装子役として一座の人気者であった。

その後、養父とともに伊村義雄一座に参加して新派女優としての道を歩み始めていたが、1923年（大正12）に築地小劇場の研究生となるが、帝国キネマに入社し「山の力」で映画デビューを果たす。その後、霧島直子と改名し人気俳優である市川百々之助の相手をつとめるまでになるが、1927年（昭和2）には阪妻プロダクションに移籍し伏見直江を名乗ることになる。

毒婦女優へのイメチェン

阪妻プロでもスターになることは

子役であった妹の伏見信子とともに。お歯黒の姐御姿と面白いコントラスト。1928年（昭和3）頃撮影。

素顔の伏見直江は実に清楚な美貌の持ち主で、コンビを組んでいた大河内伝次郎と浮名を流したこともあった。1930年（昭和5）頃撮影。

なく数か月で日活へと移籍したことが転機となった。それまで伏見は清純な美しさを生かした役どころばかりで、サイレント映画全盛期の女優陣のなかでは目立つチャンスがなかったのだが、日活ではひときわ目張りを強く書きこみ猛婦女優として売り出され、独自の路線で人気が爆発することになる。

妹の伏見信子も映画女優であったが、姉とは正反対に清純派女優として地位を築いた。

昭和5年「ミス日活」人気投票！

1930年（昭和5）の夏、雑誌『日活』で行われた人気投票の結果は以下のとおり。

1位 夏川静江／2位 伏見直江／3位 入江たか子／4位 梅村蓉子／5位 山田五十鈴／6位 佐久間妙子／7位 吉野朝子／8位 櫻井京子／9位 峰吟子／10位 濱口富士子

ファンを裏切らない順位で、デビューから数か月の山田五十鈴が5位と、かなり健闘している。

チャンバラ映画の大全盛時代

刀を振るう時代劇女優たち

1923年（大正12）9月1日、関東大震災によって東京が壊滅すると、文化の中心地が関西へと移行したのであった。映画もそのひとつで、東京の撮影所が倒壊したことによって京都、大阪での映画作りがさらにさかんとなり、華々しいチャンバラ映画の全盛時代が誕生することとなった。

それまでの時代劇女優はあくまでも剣豪俳優の添え物であったが、大正後期からは刀を振りかざしスクリーン狭しと暴れ回るお転婆女優が続々と登場。男優と互角に映画の目玉となった。

「化け猫女優」らしい不気味な流し目姿。化け猫映画は家族で楽しめるお正月映画の定番であった。1930年（昭和5）頃撮影。

鈴木澄子［すずき・すみこ］

1904年（明治37）～1985年（昭和60）。東京府出身。1921年（大正10）大正活映より映画デビューを果たし、いくつかの映画会社を転々としながらも独特の流し目が印象的な毒婦女優としての地位を築く。1937年（昭和12）に主演した「佐賀怪猫伝」がヒットしたことにより、「化け猫女優」として人気を集めた。

剣を振るう姿も勇ましく、色香漂う姐御女優として一世を風靡した大女優。1928年（昭和3）頃撮影。

原駒子［はら・こまこ］

1910年（明治43）～1968年（昭和43）。神奈川県出身。活動弁士を父に持ち、1924年（大正13）に映画デビュー。移籍した東亜キネマ時代には嵐寛寿郎とのコンビで売り出し「ハラコマ」の愛称で親しまれた。どことなく漂う色香が悩ましく、露出度の高いブロマイドは発禁になるほどであった。

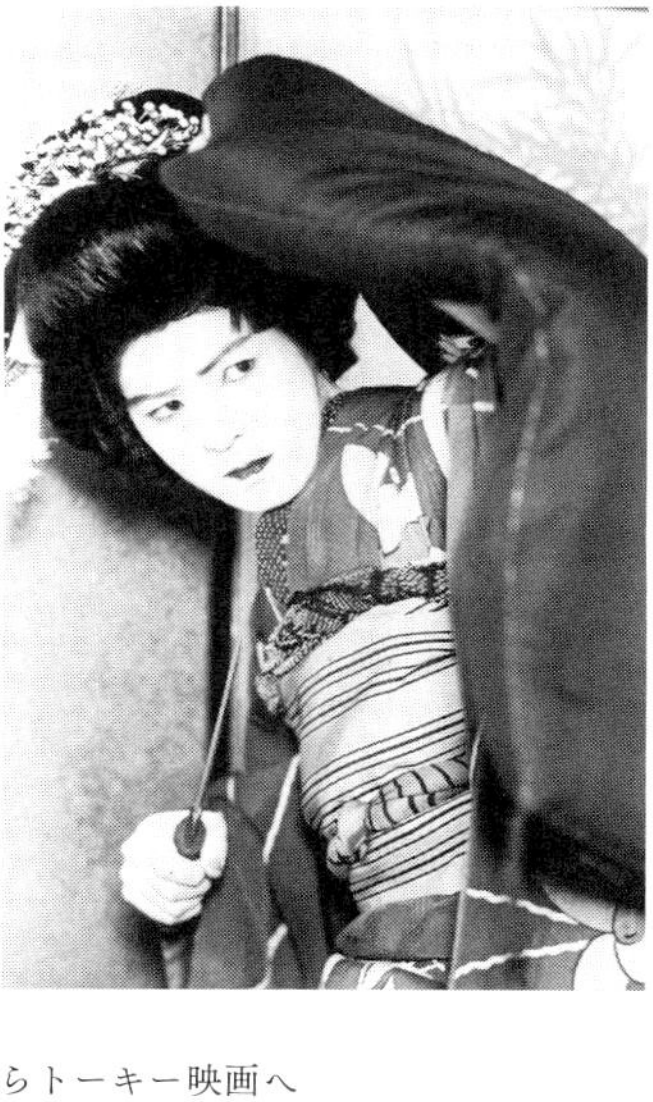

元祖カッコイイ女優のマキノ輝子は長門裕之・津川雅彦兄弟の実母である。マキノ智子を名乗っていた時期もあった。1928年（昭和3）撮影。

マキノ輝子［まきの・てるこ］

1907年（明治40）～1984年（昭和59）。京都府出身。日本映画の父と呼ばれる牧野省三の娘として子ども時代から映画に出演しており、1924年（大正13）に本格映画デビュー。若く凄艶な容貌は他の映画女優の人気を圧して一時代を築いたが、共演俳優との駆け落ちや人気俳優との結婚など話題にも事欠かなかった。

舞台人としての印象が強いが、戦前には時代の先端をゆく映画女優であった。初々しい笑顔が印象的な1枚。1935年（昭和10）頃撮影。

山田五十鈴［やまだ・いすず］

1917年（大正6）〜2012年（平成24）。大阪府出身。新派俳優・山田九州男を父に持ち、幼い頃から芸事を仕込まれて育つ。1930年（昭和5）日活に入社し「剣を越えて」でデビューして以来、常に映画界・演劇界の第一線を走り続け、日本芸能史の最高峰に位置付けされる大女優。

千早晶子の楚々とした美しさは美剣士・林長二郎の魅力を最大限に引き出した。1928年（昭和3）頃撮影。

千早晶子［ちはや・あきこ］

1908年（明治41）〜没年不詳。大阪府出身。大阪松竹楽劇部でレビューガールとして初舞台を踏んだあと、1927年（昭和2）松竹キネマに移籍し「鬼あざみ」で映画デビュー。美剣士として売り出し中だった林長二郎の相手役として多くの女性たちの羨望の的となった。映画監督・衣笠貞之助夫人。

1929年（昭和4）ハリウッドきっての大スター、ダグラス・フェアバンクス＆メアリー・ピックフォード夫妻が来日した際、森静子や阪東妻三郎が日本映画界を代表して接待した。

森静子［もり・しずこ］

1909年（明治41）〜2004年（平成16）。東京府出身。1915年（大正4）木村静子の名で子役デビューを果たし、1923年（大正12）牧野教育映画製作所に入社。その後、関西映画界きっての清純派女優として多くの作品に出演し、阪東妻三郎らの相手役をつとめる。女剣戟の浅香光代は弟子である。

日本におけるトーキー映画出演第1号は？

日本初の完全版トーキー映画「マダムと女房」が公開されたのは1931年（昭和6）であったが、1927年（昭和2）にはすでに築地小劇場の俳優たちの出演でトーキーの試作映画「黎明」が公開されている。

その後も各映画会社でトーキーの試験的作品が制作されており、日活ではオペラ歌手・藤原義江主演で「ふるさと」、発声映画社では田谷力三主演の「もの言わぬ花」、帝国キネマでは関屋敏子主演で「子守唄」と、いずれも1930年（昭和5）に音楽を全面的に意識してオペラ歌手を主演にしたトーキー作品が公開された。しかし歌手が歌う部分のみの「パートトーキー」であったのと、トーキーが不明瞭であったことから評判のいいものではなかった。

日本映画とともに生きた名女優
田中絹代

田中絹代は1909年（明治42）、山口県生まれ。琵琶《びわ》奏者の宮崎錦城《きんじょう》に師事し、大阪千日前にあった複合施設・楽天地で公演を行っていた琵琶少女歌劇団に入団。田中錦華《きんか》を名乗り、琵琶の音色に合わせてお伽歌劇を演じるというものであった。

1924年（大正13）には時代劇専門の松竹キネマ下加茂撮影所の専属女優となり「元禄女」で映画デビューを果たすと、ひときわ小柄で可憐な姿が注目を集め、1925年（大正14）には蒲田撮影所へ移籍し現代劇の女優として出発することとなった。

川田芳子、栗島すみ子、松井千枝子ら大女優が健在のなか、着実に基礎を固めて人気女優に躍り出ることになる。

若き日の代表作には日本初の本格的トーキー映画「マダムと女房」で演じた純日本式の奥さん役、そして何といっても日本映画史上屈指のヒット作「愛染《あいぜん》かつら」で悲運に泣く看護婦・高石かつ枝を演じたことで、田中絹代の人気は不動のものになったといっていいだろう。

戦後になると老け役にまわるようになり、「楢山節考」「サンダカン八番娼館」などでは老婆役を好演して、女優魂を見せつけたのであった。

◉デビュー間もない頃の田中絹代。無垢な少女のようである。1926年（大正15）頃撮影。

◉活動弁士の大辻司郎とともに。1935年（昭和10）の夏撮影。

田中絹代［たなか・きぬよ］

1909年（明治42）～1977年（昭和52）。山口県出身。当初は大阪楽天地に出演していた琵琶少女歌劇のスター・田中錦華として舞台に立っていたが、1924年（大正13）松竹キネマに入社し映画デビュー。以来、戦前戦後を通して映画女優の頂点として生涯現役で活躍した。

川崎弘子

悲しみに暮れる女性を演じ続けた悲劇のヒロイン

この泣いているような目が万人から支持されて、人気女優となった。1930年（昭和5）頃撮影。

川崎弘子［かわさき・ひろこ］

1912年（明治45）〜1976年（昭和51）。神奈川県出身。1929年（昭和4）、松竹キネマに入社。モガ女優が幅を利かせていた時代、松竹伝統の悲劇のヒロイン女優として世の女性たちの紅涙を絞った。菊池寛の媒酌で尺八奏者の福田蘭堂と結婚した。義理の息子に石橋エータローがいる。

1931年（昭和6）撮影。

松竹映画の独擅場「人妻椿」「母は強し」など大衆小説を映画化した作品では、自らの悲運に嘆き悲しみ、涙に暮れるヒロインが登場する。川崎弘子は常に運命に虐《しいた》げられる女性を演じた。

川崎弘子は1912年（明治45）、神奈川県川崎市の川崎大師の近くで誕生し、芸名にも使用。1929年（昭和4）のモガ全盛時代、古参の川田芳子、女王・栗島すみ子の流れを汲む、悲劇のヒロイン女優としてデビュー。男性のみならず女性たちからも支持される人気女優になった。

1935年（昭和10）には人気尺八奏者でプレイボーイとして名を馳せていた福田蘭堂と結婚し、世間を騒然とさせたが松竹メロドラマの主演をつとめ、相変わらず女性ファンたちの紅涙を絞り続けた。戦後も映画女優として活躍する。

◉戦前にアイドル的人気を誇った芸者歌手・小唄勝太郎のレコーディング風景。
勝太郎の前に立つ不思議な形をした機械はマイクロフォンである。
1936年（昭和11）公開の映画「勝太郎子守唄」より。

第7章 レコード界の歌姫たち

映画、舞台に並ぶ娯楽といえば
音楽・レコードを外すことはできない。
和洋折衷の日本文化が花開いた
１９２０～30年代ほど、
ヴァラエティに富んだ音楽文化の隆盛時代は
他に類をみないだろう。

クラシックやオペラを最上級の音楽として、
ジャズ、タンゴ、シャンソンなどの舶来音楽、
小唄、端唄、民謡、長唄などの邦楽など、
ありとあらゆる音楽を
基調とし取り入れた歌謡曲。
そのレコード黄金期の歌姫たちの姿をご覧あれ！

モダニズム時代に花を添えた

音盤界のスター歌手たち

ゴージャスに着飾り、自動車に寄り添う姿は、若き女性たちの夢を集約したもののようである。1937年（昭和12）頃撮影。

小林千代子［こばやし・ちよこ］

1910年（明治43）～1976年（昭和51）。北海道出身。ムーランルージュ新宿座を経て、松竹少女歌劇団に入団。派手な美しさがひときわ目を引くスターとして注目を浴び、1932年（昭和7）にはビクターからレコードデビュー。歌謡曲のほか、ジャズやタンゴを歌い昭和モダニズムの体現者となった。

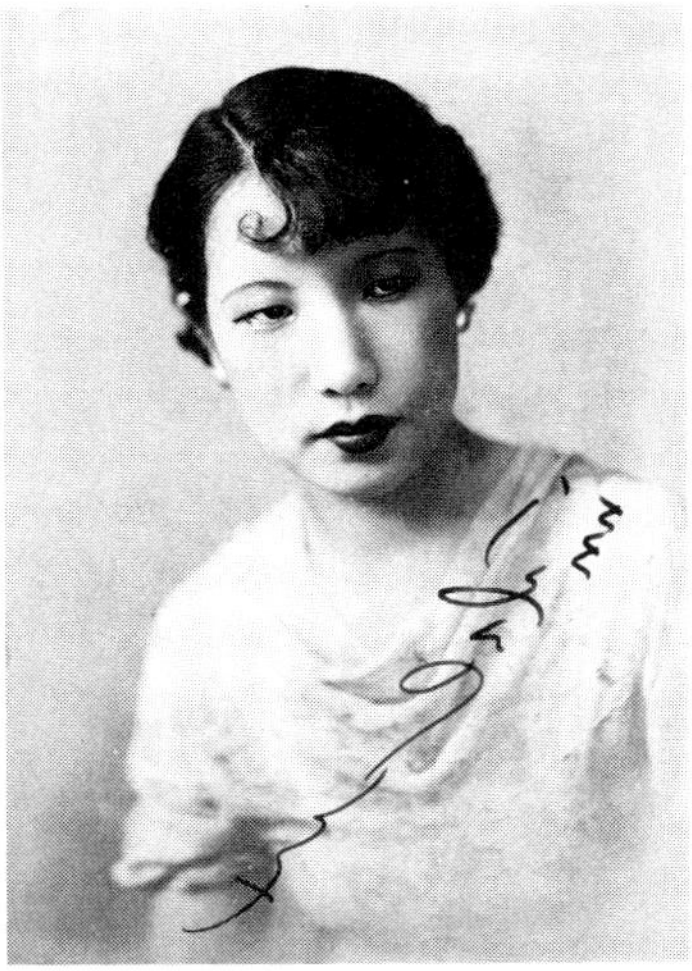

いち早く断髪してモダンガールの時代を先駆け、元祖「カッコイイ女性」だったことがうかがわれる。1935年（昭和10）頃撮影。

淡谷のり子［あわや・のりこ］

1907年（明治40）～1999年（平成11）。青森県出身。東洋音楽学校卒業。1929年（昭和4）ポリドールに入社しレコードデビュー。その後コロムビアに移籍し「私此頃憂鬱よ」でスター歌手の仲間入りを果たし、1937年（昭和12）「別れのブルース」の大ヒットによって不動の地位に上りつめ、「ブルースの女王」と称された。生涯現役で活動した姿は今も多くの人々の心に残っている。

レコード流行歌全盛時代

大正時代のレコード界は巷の流行歌をレコードにするという形式であったが、昭和に入りビクター、コロムビア、ポリドールなど外資系会社がレコード界を牛耳るようになると、新たなリズムやフレーズを織り込んだり魅力的な新人歌手を仕かけていくという、現代のマーケットの基礎といえる形式が築き上げられるようになった。

すると、それまで専業のレコード歌手という存在は皆無に等しかったが、レコード会社専属の流行歌手が続々と登場し、新たな文化の息吹を感じさせるのであった。

新しい音楽への取り組み

それまでは日本の古典芸能のレコード化が中心であったが、昭和に入り古賀政男や服部良一ら今までにない作曲家の登場によって流行歌も

羽衣歌子［はごろも・うたこ］

1902年（明治35）～1979年（昭和54）。青森県出身。父は大審院の判事という良家の出身で、東洋音楽学校を卒業。1930年（昭和5）にレコードデビューを果たし、翌年に放った「女給の唄」の大ヒットによってビクターレコードの看板歌手に。一時期は歌手を引退していたが1970年代の懐メロブームの際にカムバックした。

● 戦時中には劇団・笑の王国に参加し田谷力三の相手役として活躍、戦地慰問も積極的に行った。1940年（昭和15）頃撮影。

● 曽我直子はビジュアルも美しい歌手の元祖だったといえる。断髪姿が昭和モダンを感じさせる。1929年（昭和4）頃撮影。

曽我直子［そが・なおこ］

1905年（明治38）～1995年（平成7）。愛知県出身。東洋音楽学校を経て、帝国劇場女子管弦楽団のメンバーとしてクラリネットを担当していたという経歴を持つ。1920～30年頃までにおける日本コロムビアで最も人気を博していた歌手のひとりであった。名曲「蒲田行進曲」を日本で創唱した。

● 公演先でのスナップ写真。つば広の帽子と清楚なドレスが印象的である。1940年（昭和15）頃撮影。

松島詩子［まつしま・うたこ］

1905年（明治38）～1996年（平成8）。山口県出身。学校の教員を経て、1932年（昭和7）コロムビアレコードより「ラッキーセブンの唄」でデビュー。1937年（昭和12）キングレコード専属時代に発売した「マロニエの木蔭」は懐メロの定番ソングとして今も愛され続けている。

広がりを見せ、音楽学校出身者や芸者歌手が歌謡曲やジャズを歌うという時代が戦後まで続くことになる。

また歌手がアイドルとしてもてはやされるようになるとレコードやラジオばかりではなく、実演活動も活発になったことで、歌唱力とともにビジュアルも求められるようになった。

● 終戦直後に引退をするが、「十九の春」「並木の雨」「悲しき子守唄」「三百六十五夜」など多くのヒット曲に恵まれた歌手であった。1935年（昭和10）頃撮影。

松原操［まつばら・みさお］

1911年（明治44）～1984年（昭和59）。北海道出身。東京音楽学校卒業。線の細いアルト歌手で1933年（昭和8）にコロムビアに入社した際は覆面歌手 ミス・コロムビアとして売り出した。1938年（昭和13）に歌った「旅の夜風」は記録的ヒットとなり、共唱した霧島昇と結婚。レコード界のおしどり夫婦として知られた。

● エキゾティックな美貌の持ち主だったことから演劇や映画にも出演し、一時代を築いた。1940年（昭和15）頃撮影。

渡辺はま子［わたなべ・はまこ］

1910年（明治43）～1999年（平成11）。神奈川県出身。武蔵野音楽学校卒業。1933年（昭和8）にポリドールよりレコードデビューを果たし、間もなくビクターに移籍。1936年（昭和11）に発売した「忘れちゃいやヨ」が発禁になったことでさらに名声は高まり、1940年（昭和15）コロムビアから発売された「蘇州夜曲」も大ヒットした。

● 「古き花園」「恋の曼珠沙華」「巴里の夜」など香り高いロマンあふれる歌声は多くのファンたちを魅了した。1937年（昭和12）頃撮影。

二葉あき子［ふたば・あきこ］

1915年（大正4）～2011年（平成23）。広島県出身。東京音楽学校卒業。本名の加藤芳江名義で教材用レコード歌手を経て、1936年（昭和11）にコロムビアより流行歌としてデビュー。純情歌手として売り出され、戦前・戦中・戦後と多くのヒットを放った名歌手である。

レコードの歴史

1877年エジソンによって発明されたレコードは当初円筒形で材質が蠟だったことから蠟管と呼ばれていたが、1887年（明治21）には円盤形のレコードが登場。現在のCDの原形となった。

1900年代になるとアメリカやイギリスのレコード会社が日本の芸能を採録するために来日し、帰国してから現地でレコードがプレスされて日本に輸入されるという形がとられていたが、1911年（明治44）には日本初の国産レコード会社・日本蓄音器商会が設立された。

しかし蓄音器もレコードも庶民の手の届かない超高級品として、長く憧れの存在であった。

日本におけるジャズ史

浅草オペラでは、1922年（大正11）にはすでに「ジャズダンス」と称する演し物が上演されているが、本格的なジャズの普及は大正後期の大阪からはじまる。三越少年音楽隊出身のヴァイオリニスト井田一郎をはじめ、若き日の服部良一もジャズ黎明期を知るひとりであった。東京ではセミプロのジャズバンド、コスモポリタン・ノヴェルティ・オーケストラが登場したが、神田にあった商家の若旦那が番頭たちに楽器を仕込んで結成したバンドだったとされている。

◉ 自動車の宣伝ガールとなった能勢妙子の可愛らしい姿。日本が平和で豊かだった時代を伝える1枚。1937年（昭和12）頃撮影。

能勢妙子［のせ・たえこ］

1915年（大正4）～1999年（平成11）。東京府出身。1935年（昭和10）に古川ロッパ一座でデビューを果たし、優れていた歌唱力と愛らしく初々しい美しさが人気を集め、1936年（昭和11）にビクターレコードへ入社。「あなたなしでは」でヒットを飛ばした。のちに劇作家の菊田一夫夫人となる。

◉ 現代的でどこか翳のある美貌が光る1枚。「♪赤い花なら曼珠沙華」ではじまる「長崎物語」は戦前ロマンを彷彿とさせて広く長く愛された。1938年（昭和13）頃撮影。

由利あけみ［ゆり・あけみ］

1913年（大正2）～没年不詳。広島県出身。東京音楽学校卒業のアルト歌手として、1936年（昭和11）にコロムビアレコードよりデビューするが、1939年（昭和14）、ビクターで歌った「長崎物語」が空前の大ヒットとなったことで人気を集める。同年には藤原歌劇団の「カルメン」にも出演し、オペラ歌手としても存在感を放った。

◉ 上品な洋装に清潔に整えられた御髪、典型的な上流階級の娘さんスタイルである。マンドリンを抱いて撮影された写真。1940年（昭和15）頃撮影。

青葉笙子［あおば・しょうこ］

1918年（大正7）～2012年（平成24）。宮城県出身。1936年（昭和11）リーガルレコードよりデビューし、コロナを経てポリドールに入社。上原敏と歌った「鴛鴦道中」が大ヒットとなり、スター歌手の仲間入りを果たす。近年までパワフルに活動し親しまれ、1970年代には懐メロのアイドルと称されたこともあった。

◉1933年（昭和8）に開場した日本劇場（通称・日劇）のこけら落とし公演は川畑文子主演の「輝く王座」であった。1935年（昭和10）頃撮影。

川畑文子［かわばた・ふみこ］

1916年（大正5）〜2007年（平成19）。ハワイ出身。日系人3世として少女時代からニューヨークのショービジネス界で知られたダンサーであったが、1932年（昭和7）来日しコロムビアレコードよりデビュー。洗練されたジャズを片言の日本語で歌い、「踊りはベーカー、歌はデートリッヒ」と称された。

ハーフ歌手が席巻
洗練されたジャズ歌手の登場

浅草オペラの関係者たちによって仕かけられたジャズ音楽は、手探りのなかで模倣し作り変えを繰り返してはいたものの、やはり日本人による編曲、音楽学校出身のクラシック歌手による歌唱は発展途上の感を抱かせた。

しかし1932年（昭和7）に日系人3世のダンサー・川畑文子が来日、ジャズ歌手として日本でデビューしたことによって洗練された本格ジャズ普及の第一歩が踏み出されることになる。今までにないラフな歌唱は驚きとともに歓迎され、川畑文子の人気に続いてベティ稲田、宮川はるみ、チェリー・ミヤノなど、続々とハーフ歌手が登場しジャズ界を席巻した。

◉ ミミー宮島、リラ濱田など戦前モダニズムのなかでベビージャズシンガーが多く誕生。その代表的な存在がマーガレット・ユキであった。1936年（昭和11）頃撮影。

マーガレット・ユキ［まーがれっと・ゆき］

1928年（昭和3）〜没年不詳。イギリス出身。1933年（昭和8）に来日すると、ベビージャズタッパーとして注目を集め、多くの大劇場に出演。1935年（昭和10）には高田プロ「街の艶歌師」で映画にも出演し、翌年にはコロムビアレコード専属のジャズ歌手として「お人形ダイナ」などを録音。三浦環に師事したとされている。

◉ 川畑文子とともに昭和モダンの象徴的存在として、多くのジャズソングの名曲を日本で創唱した。1940年（昭和15）頃撮影。

ベティ稲田［べてぃ・いなだ］

1913年（大正2）〜没年不詳。カリフォルニア出身。親友であった川畑文子を頼って1933年（昭和8）来日。ポリドールレコードで録音した「闇夜に口笛吹いて」で歌手デビューを果たす。戦時中にはディック・ミネとのコンビで国内外の実演を積極的に行った。戦後はハワイアン歌手として活躍。

近代に輝くダンスホール文化

昭和初期のお洒落な社交場といえばまずダンスホールをあげなければならない。日本で一番最初のダンスホールは、１９２０年（大正９）鶴見花月園に開設された花月園舞踏場であったが、全国的なダンスホールの隆盛時代は昭和に入ってからのこと。

東京では赤坂のフロリダをはじめ、和泉橋舞踏場、新橋ダンスホール、国華ダンスホール、ユニオンダンスホールなどなど大小のダンスホールが開業してモダン時代に花を添えた。美しいダンサーたちはモボの憧れとなり、出演するジャズバンドやタンゴバンドが雰囲気を盛り上げた。なお、風紀を乱しかねないという理由から浅草ではダンスホールの営業許可は下りなかった。

◉ 神田にあった和泉橋舞踏場では人気芸能人をゲストとして招き、折々のイベントを盛り上げた。写真は弥生ひばり。1934年（昭和9）撮影。

現在よりもクラシック音楽が尊かった時代、各レコード会社ではクラシック専用レーベルを作り、通常盤より高額で販売し、流行歌や邦楽などとの差別化を図っていた。
ビクターでは赤色、コロムビアでは青色のレーベルで発売したことから、クラシック歌手でもとくに選ばれし存在しか発売することができなかったため、三浦環、藤原義江、関屋敏子らの専属歌手たちは「赤盤歌手」「青盤歌手」などと称され、ひとつのステイタスになっていた。

楽壇の花
クラシック歌手たち

宮川美子［みやかわ・よしこ］

1911年（明治44）〜1995年（平成7）。カリフォルニア出身。日系人2世で、若くしてフランスで本格的に声楽を学び楽壇デビュー。オペラ「お蝶夫人」で注目を浴び、1931年（昭和6）日本に帰国。コロムビア専属の青盤歌手として人気を集め、若く美しかったことから楽壇の花として人気を集めた。

● 当時楽壇のスターたちは平均年齢が高かったので、宮川美子の若さと美しさは新鮮であった。1935年（昭和10）頃撮影。

● 祖父がフランス系アメリカ人だったことから当時の女性としては大柄で、抜群の声量が圧巻だった。1930年（昭和5）頃撮影。

関屋敏子［せきや・としこ］

1904年（明治37）〜1941年（昭和16）。東京府出身。幼い頃から三浦環に師事。ビクターの赤盤歌手にも選出され楽壇一の華やかな存在として数々のオペラの舞台で活躍していたが、1941年（昭和16）、芸術の悩みから自死した。

ベルトラメリ能子
［べるとらめり・よしこ］

1903年（明治36）〜1973年（昭和48）。茨城県出身。東京音楽学校を経て、1922年（大正11）、声楽を学ぶためイタリアへ渡る。ソプラノ歌手として現地でも高評価を得、詩人アントニオ・ベルトラメリと結婚したことでベルトラメリ能子を名乗る。1931年（昭和6）に帰国しコロムビア専属の青盤歌手として活躍。戦後は国立音楽大学の教授も務めた。

● 本書中を見てもイアリングを付けた女性の写真は少なく、いかにお洒落に敏感だったかということがうかがえる。1933年（昭和8）頃撮影。

小唄勝太郎［こうた・かつたろう］

1904年（明治37）～1974年（昭和49）。新潟県出身。地元の「佐渡おけさ」で売り出し、1931（昭和6）、ビクター入社。1933年（昭和8）の「島の娘」「東京音頭」、1934年（昭和9）「さくら音頭」の記録的ヒットで不動の人気を獲得した。

◉美しい歌声と愛嬌のある笑顔は万人を魅了し、一時はアイドル並みの人気を誇っていた。

◉粋で上品、レコード界きっての美貌だった市丸。晩年は江戸小唄の研究と普及につとめた。

市丸［いちまる］

1906年（明治39）～1997年（平成9）。長野県出身。1931年（昭和6）ビクターより「花嫁東京」でデビュー。「天龍下れば」「茶切節」のヒットによってスターの仲間入りを果たし、勝太郎とともに「市勝時代」を築くことになる。

レコード界のアイドル
うぐいす芸者たち

音楽学校出身の流行歌手、ハーフのジャズ歌手が注目を集める一方、より広い客層に親しまれたのは芸者歌手だったかもしれない。

明治時代にレコード（平円盤）録音が開始されるとともに芸者が起用されているが、昭和に入ると二三吉、勝太郎、市丸を筆頭に、豆千代、赤坂小梅、新橋喜代三、浅草〆香、日本橋きみ栄、美ち奴などなど、より多くの芸者歌手が登場し、彼女たちは民謡、小唄、長唄などで鍛えた美しい歌声で「うぐいす芸者」と称された。このようなレコード界における芸者歌手文化は1930年代を絶頂に、戦後まで続くことになる。

豆千代［まめちよ］

1912年（明治45）～2004年（平成16）。岐阜県出身。1933年（昭和8）コロムビアに入社し、1935年（昭和10）に発売した「夕日は落ちて」のヒットによってスターの仲間入り。一時レコード界から身を引いていたが1970年代の懐メロブームでカムバックを果たした。

美ち奴［みちやっこ］

1917年（大正6）～1996年（平成8）。北海道出身。ニットーレコードを経て、1935年（昭和10）テイチクに入社。「あゝそれなのに」「うちの女房にゃ髭がある」「軍国の母」などのヒット連発によって同社の看板歌手となり、アイドル的人気を集めた大歌手。

◉軍国ものからコミックまで幅広く歌いこなし、1942年公開の映画「歌ふ狸御殿」にも出演した。1935年（昭和10）頃撮影。

◉派手さはなかったものの独特の節回しと歌唱力の高さは、通をうならせた。1935年（昭和10）頃撮影。

◉ポリドールレコードの隠れたる名歌手としてマニア垂涎の歌謡曲を多数残したが、惜しくも若くして爆死した。1938年（昭和13）頃撮影。

浅草染千代
［あさくさ・そめちよ］

生年不詳～1945年（昭和20）。和歌山県出身。1937年（昭和12）にポリドールより「銃後の妻」でデビュー。大ヒットには恵まれなかったが線の細い控えめな歌声はファンを魅了した。戦時中ということもあり慰問活動も積極的に行っていたが、1945年（昭和20）大阪大空襲の際に爆死したとされている。

日本橋きみ栄［にほんばし・きみえ］

1915年（大正4）～1993年（平成5）。東京府出身。1934年（昭和9）ニットーレコードよりレコードデビューを果たし、ポリドールに移籍後に歌った「蛇の目のかげで」「五月雨傘」などの純日本調の歌謡曲が人気を集めた。終戦直後には「炭坑節」のレコードが大ヒットとなった。

参考文献・ご協力者一覧

【書籍】

・坂本俊一『帝国劇場案内』帝国劇場　1911年
・杉浦善三『女優かゞ美』杉浦出版部　1912年
・松井須磨子『牡丹刷毛』新潮社　1914年
・高橋桂三『当世御客の遊びぶり』積文館　1917年
・高沢初風『現代演劇総覧』文星社　1918年
・藤波楽斎『歌劇と歌劇俳優』文星社　1919年
・三楽流子ほか『女盛衰記　女優の巻』日本評論社　1919年
・藤山宗利『日本歌劇俳優写真名鑑』歌舞雑誌社1920年
・森富太『日本歌劇俳優名鑑』活動倶楽部社　1921年
・大阪毎日新聞社・活動写真研究会編『映画大観』春草堂　1924年
・浦辺粂子『映画女優の半生』東京演芸通信社　1925年
・田中栄三『女優漫談』聚英閣　1927年
・アサヒグラフ編輯局編『日本映画年鑑　大正15年・昭和2年』朝日新聞社　1927年
・武田正憲『諸国女ばなし』鹽川書房　1930年
・小生夢坊『尖端をゆくもの』鹽川書房　1930年
・高岡辰子『黒髪懺悔』中央公論社　1934年
・木村駒子『舞踏芸術教程』建設社　1937年
・松永伍一『川上音二郎――近代劇・破天荒な夜明け』朝日新聞社　1988年
・増井敬二『浅草オペラ物語』芸術現代社　1990年
・小針侑起『あゝ浅草オペラ　写真でたどる魅惑の「インチキ」歌劇』えにし書房　2016年
・杉山千鶴・中野正昭編『舞台芸術と娯楽の近代』森話社　2017年

【雑誌】

・『オペラ』オペラ社　各号
・『活動画報』飛行社　1917年1月号
・『花形』玄文社　1919年3月号
・『演芸画報』演芸倶楽部　1920年1月号
・『活動倶楽部』活動倶楽部社　1920年9月号
・『民衆娯楽』民衆娯楽社　1923年8月号
・『日活』豊国社　1930年9月号
・『映画と演芸』レヴュウ号　朝日新聞社　1933年5月号
・『人間探求』第一出版社　1952年8月号
・『歌舞』歌舞雑誌社　各号
・『風俗雑誌』平凡社　各号
・『モダン・ダンス』モダン・ダンス社　各号

【ご協力者一覧】

青空うれし
岩本浩明
角敏夫
弥生美術館
保利透

あとがき

百花繚乱、近代文化を美しく飾った壮大な絵巻の一篇も大団円となってしまった。

日本髪を結い贅の限りを尽くした和服をまとった芸妓、高畠華宵《たかばたけかしょう》描く乙女の姿をうつしたような和洋折衷の装いのキネマ女優、毒々しい極彩色の個性に彩られた歌劇女優……私たちの先祖が生きた、ほんの100年ほど前のことなのに、まるで異世界の妖しい鏡の中を覗き見したような錯覚を覚える。

本書には300点以上の写真を使用したが、どの1枚をとってみても、髪形、口紅のさし方、眉の引き方、髪飾り、ポーズの決め方、表情、着物の柄、写真館のセットなどなど、すべてが時代を反映したもので、それぞれの観点から見ても多くを学ぶことができる。

かの名女優・松井須磨子は自伝の『牡丹刷毛』において、新しい女としての誇りに満ちあふれながらも苦悶し、川上貞奴は芸能界を追われ「ともかくも　隠れ住むべき　野菊かな」という女優として最後の句を残した。いかに女優が受難の時代を生き抜いてきたのか、それから約100年経過した現在とはどんな違いがあるのだろうか？　改めて考えるきっかけとなったら嬉しく思う。

誌面の関係上、明治30年代後半から昭和9年頃までに絞らざるをえなく、また人選には客観的な選出を心がけてはいたが、多少独断と偏見が加わっている点に関してはご了承願いたいと思う。

そして何よりも大正ロマン、昭和モダンに思いを馳せるひとときの愛書として、多くの方々の傍らに置いていただけたら幸いである。

また本書を書き上げるまでには多くの方々にお力添えいただいたことを書き加えさせていただきたいと思います。とくに弥生美術館の学芸員である中村圭子氏をはじめ、同館スタッフの方々にはこまやかな気遣いのもと多大なご協力をいただいたこと、心より感謝の意を表します。映画史研究家の岩本浩明氏、レコード文化研

◉戦前に多くの日本人を虜にし「半島の舞姫」と呼ばれた舞踊家・崔承喜。
1935年（昭和10）頃撮影。

究家の保利透氏にはコレクションの一部をご提供いただいた。師と仰ぐ漫談家の青空うれし氏にも貴重なお写真をお借りすることができた。

他にも多くの方々にお世話になりました。誠にありがとうございました。

末筆になりますが、図版の権利先不明の方がいらっしゃいます。おわかりになる方がおられましたら、ご一報いただけますと幸いです。

小針侑起

［著者紹介］

小針侑起（こばり・ゆうき）

1987年、栃木県宇都宮市生まれ。

近代芸能文化史、浅草オペラ史研究。

1938年に初の蓄音器コンサートを行って以来、執筆、講演、トークショー、TV出演のかたわら、

イベント企画・構成・監修などを行う。

著作に『あゝ浅草オペラ 写真でたどる魅惑の「インチキ」歌劇』（えにし書房 2016年）、

『浅草オペラ 舞台芸術と娯楽の近代』（森話社 2017年 共著）がある。

大正昭和美人図鑑

2018年7月20日　初版印刷

2018年7月30日　初版発行

著者　小針侑起

発行者　小野寺優

発行所　株式会社河出書房新社

〒151-0051

東京都渋谷区千駄ヶ谷2-32-2

電話　03-3404-1201（営業）

03-3404-8611（編集）

http://www.kawade.co.jp/

装幀・レイアウト　松田行正＋日向麻梨子

印刷　凸版印刷株式会社

製本　大口製本印刷株式会社

Printed in Japan

ISBN978-4-309-75031-6

落丁本・乱丁本はお取り替えいたします。